财务会计相关理论与应用研究

陈文洁　张　宁　李雪婷◎著

吉林出版集团股份有限公司
全国百佳图书出版单位

图书在版编目（CIP）数据

财务会计相关理论与应用研究 / 陈文洁，张宁，李雪婷著. -- 长春：吉林出版集团股份有限公司，2024.6. -- ISBN 978-7-5731-5369-2

Ⅰ.F234.4

中国国家版本馆CIP数据核字第2024B85609号

CAIWU KUAIJI XIANGGUAN LILUN YU YINGYONG YANJIU

财务会计相关理论与应用研究

著　　者	陈文洁　张　宁　李雪婷
责任编辑	张婷婷
装帧设计	朱秋丽
出　　版	吉林出版集团股份有限公司
发　　行	吉林出版集团青少年书刊发行有限公司
地　　址	吉林省长春市福祉大路5788号（130118）
电　　话	0431-81629808
印　　刷	北京昌联印刷有限公司
版　　次	2024年6月第1版
印　　次	2024年6月第1次印刷
开　　本	787 mm×1092 mm　1/16
印　　张	12.25
字　　数	250千字
书　　号	ISBN 978-7-5731-5369-2
定　　价	76.00元

版权所有·翻印必究

前　言

在全球化与信息化日益加深的当下，财务会计作为企业经济活动的核心和纽带，扮演着至关重要的角色。财务会计不仅是企业对外传递财务信息、展示经营成果的重要工具，而且是企业内部决策、管理控制的重要依据。因此，对财务会计的相关理论进行研究，并探讨其在实际应用中的效果，具有重要的理论价值和实践意义。

财务会计理论作为会计学的重要组成部分，自诞生以来就在不断丰富和发展。从最初的复式记账法到现代的会计准则体系，财务会计理论为企业提供了标准化的信息处理和披露规则，使企业的财务信息更加透明。同时，随着企业环境的不断变化和会计实践的深入发展，财务会计理论也在不断地适应新的需求，不断地扩展其研究范围。然而，仅有完善的理论是不够的。财务会计的应用才是检验其有效性的关键。在实际应用中，财务会计不仅要为企业提供准确的财务信息，还要为企业的决策提供有力支持。因此，我们需要探讨财务会计理论在实际应用中的效果，分析其在企业决策、管理控制等方面的作用，以便更好地指导企业的实践活动。

本书从财务会计基础入手，介绍了资金与存货、资产与负债以及收入、费用和利润等，并详细分析了资金往来核算、所有者权益与财务管理及风险防范，最后在财会工作实践创新方面做了研究。

笔者在撰写过程中，参阅和引用了一些文献资料，谨向它们的作者表示感谢；还要感谢长期以来支持、鼓励和鞭策笔者成长的师长和学界同人。由于笔者水平有限，书中难免存在不足之处，敬请广大学界同人和读者给予批评指正。

目 录

第一章 财务会计 ······· 1

　第一节 会计与财务会计 ······· 1
　第二节 财务会计基本假设 ······· 4
　第三节 财务会计信息质量要求 ······· 6
　第四节 财务会计要素及其计量 ······· 9
　第五节 新经济对财务会计的影响 ······· 13

第二章 资金与存货 ······· 21

　第一节 库存现金 ······· 21
　第二节 银行存款 ······· 24
　第三节 存货核算 ······· 37

第三章 资产与负债 ······· 46

　第一节 固定资产 ······· 46
　第二节 无形资产 ······· 63
　第三节 流动负债 ······· 70
　第四节 非流动负债 ······· 80

第四章 收入、费用和利润 ······· 87

　第一节 所得税费用 ······· 87
　第二节 收入的不同类型 ······· 96
　第三节 费用确认和利润分配 ······· 106

第五章　资金往来核算 ······ 108
第一节　应收票据与应收账款 ······ 108
第二节　应收股利与应收利息 ······ 113
第三节　应收款项减值与其他应收款 ······ 114
第四节　预付账款 ······ 117

第六章　所有者权益 ······ 118
第一节　所有者权益概述 ······ 118
第二节　实收资本与资本公积 ······ 120
第三节　留存收益与其他综合收益 ······ 123

第七章　财务管理及风险防范 ······ 129
第一节　财务管理界定及其目标 ······ 129
第二节　财务管理的价值观念解读 ······ 135
第三节　财务管理环境与组织机构 ······ 138
第四节　财务管理中的精细化管理实现 ······ 151
第五节　财务管理风险成因与防范 ······ 155

第八章　财会工作实践创新 ······ 163
第一节　财会工作概述 ······ 163
第二节　新经济时代财务管理概述及实践创新路径 ······ 164
第三节　会计管理体制概述及实践创新路径 ······ 172
第四节　财务管理创新与会计实践发展的融合 ······ 177
第五节　新经济时代财会工作实践面临的挑战 ······ 182
第六节　新经济时代财会工作实践创新发展路径 ······ 186

参考文献 ······ 189

第一章 财务会计

近年来，国际经济发展速度不断加快，全球经济发展呈现一体化趋势，日益改善的经济环境对各国会计核算提出了更高的要求，如何在高速发展的经济环境下，做好财务会计与税务会计的协调工作，已经成为各部门、各单位亟待解决的问题。

第一节 会计与财务会计

一、会计与财务会计的定义

（一）会计的定义

会计，是指以货币为主要计量单位，连续、系统、全面、综合地反映和监督会计主体经济活动的一种经济管理工作。会计的特点体现在以下几个方面。

1. 以货币为主要计量单位。会计以货币为主要计量单位，计量和记录各单位的经济活动过程和结果，但货币不是唯一的计量单位，在核算时，往往还要结合运用一定的实物量度（如千克、件等）和劳动量度（如劳动日、工时等），以便更全面、更准确地反映经济业务活动内容。

2. 运用专门的程序和方法。会计在不断发展的过程中，形成了一整套科学实用的专门方法。因此，从事会计工作时，必须按照会计专门的核算程序，运用专门的核算方法，才能达到目的。

3. 核算的连续性、系统性、全面性、综合性。会计是按照会计主体经济活动发生的时间先后顺序连续、全面记录，系统综合反映并定期进行归类整理，以便随时提供关于企业经营管理方面的各种信息资料。

4. 它是一种经济管理活动。会计的最终目的是提供有关方面所需的会计信息，以便其做出正确的决策。

（二）财务会计的定义

会计分为预算会计和企业会计。

预算会计是以预算管理为中心的宏观管理系统和管理手段，是核算、反映和监督中央与地方政府财政预算以及行政、事业单位收支预算执行情况的专业会计。预算会计可分为政府会计（包括财政预算会计和行政单位会计）和非营利组织（事业单位）会计。

企业会计是对企业的经济活动进行连续、系统、全面、综合反映和监督的专业会计。企业会计可分为财务会计和管理会计。财务会计（也称对外会计），以会计准则为依据，确认、计量、记录、报告企业资产、负债、所有者权益的增减变动，反映企业收入的取得、费用的发生、利润的形成及分配，并定期报告企业的财务状况、经营成果和现金流量。财务会计的目的：一方面是为投资者、债权人、政府部门、企业客户等企业外部会计信息使用者提供对决策有价值的信息；另一方面是满足企业内部管理者对会计信息的需求。

财务会计要求企业定期通过财务报告的方式向外部会计信息使用者报告企业的财务状况和经营成果。为了保证会计信息的客观公允，保证会计信息在不同行业、不同企业之间具有可比性，财务会计信息披露的内容、形式等，必须符合企业会计准则的要求。管理会计（也称对内会计）针对企业内部管理的需要记录和分析经济业务，提供信息，并直接参与决策过程。管理会计的主要目的是为企业内部管理当局的经营决策提供信息支持。因只供企业内部使用，管理会计不受企业会计准则的限制或约束，其方法、内容、报告形式等根据企业管理者的需要而定。

二、会计的职能

会计职能，是指会计在经济管理中所具有的功能，会计有核算和监督两个基本职能。

（一）核算职能

会计核算职能，是指会计以货币为主要计量单位，对特定主体的经济活动连续、系统、全面地确认、计量记录、计算和报告，客观反映其经济活动过程及其结果，为有关各方提供会计信息的职责和功能。

经济活动的复杂性，决定了企业的经济业务只有按照一定程序和方法进行加工处理，生成以价值指标体现的会计数据，才能连续地、系统地、全面地、综合地反映企业经济活动的全过程及其结果，并通过计算分析，预测企业未来的经济活动。

（二）监督职能

会计监督职能，是指会计对特定主体经济业务的合法性、合理性进行审查的职责和功能。会计监督主要通过价值指标对特定主体的经济活动的全过程进行监督，包括事前监督、事中监督、事后监督，以检查经济活动的合法性及合理性。

事前监督，是指在经济活动开始前进行的监督。例如，审查未来的经济活动是否合规、合法，在经济上是否可行等。

事中监督，是指对正在发生的经济活动过程及取得的核算资料进行审查，及时纠正经济活动进程中的偏差及失误，使其按照预定的目的及规定的要求进行。

事后监督，是指对已经发生的经济活动以及相应的核算资料进行审查、分析。

会计核算职能与会计监督职能相辅相成、辩证统一。会计核算是会计监督的基础，没有会计核算提供的各种资料，就无法进行监督；会计监督是会计核算质量的保证，没有会计监督，就难以保证会计核算所提供的会计信息真实、可靠。

三、财务会计的目标

财务会计信息的使用者主要包括国家有关部门、企业的投资者和债权人（包括潜在的投资者和债权人）、企业内部管理者等各个方面，因此，财务会计提供的信息应当符合国家宏观经济管理的要求，满足有关方面了解企业财务状况和经营成果的需要，满足企业加强内部经营管理的需要。财务会计的目标主要体现在以下方面。

（一）符合国家宏观经济管理的要求

作为整个国民经济的细胞、宏观经济的微观个体的企业，其生产经营的好坏、经济效益的高低，直接影响整个国民经济的运行情况。政府通过对企业会计信息的汇总、分析，了解和分析国民经济宏观运行情况，进而做出准确的判断，制定正确、合理、有效的管理措施，对国民经济的运行状况进行管理和调控，使国民经济协调、有序、健康、稳定地发展。

（二）满足有关方面了解企业财务状况和经营成果的需要

企业外部利益关系的各个方面（政府有关部门投资者、债权人职工和社会公众等）并不直接参与企业的生产经营管理活动，因此，只能借助企业会计所提供的会计信息来满足其需要。

（三）满足企业加强内部经营管理的需要

企业内部经营管理的好坏，直接影响到企业的经济利益和在市场上的竞争能力，关乎企业的发展前途和命运。会计提供准确可靠的信息，有助于决策者做出合理的决策，有助于强化内部管理，不断地提高企业的经济效益。

第二节 财务会计基本假设

财务会计的基本假设，也称财务会计的基本前提或会计假设，是指组织会计核算工作应具备的前提条件，它也是会计准则中规定的各种程序和方法适用的前提条件。

一、会计核算的基本前提

为了向会计信息使用者提供真实、完整的会计信息，就必须对会计核算所处的错综复杂、千变万化的环境做出合理的判断，对会计核算的空间范围、时间范围以及划分方式、计量方式等做出假设和限定。会计核算对象的确定、会计方法的选择、会计数据的搜集等都以会计核算的基本前提为依据。会计核算的基本前提包括：会计主体、持续经营、会计分期、货币计量。

（一）会计主体

会计主体，是指会计工作所服务的特定单位，它是企业会计确认、计量和报告的空间范围。会计主体为会计人员在日常的会计核算中对各项交易或事项做出正确判断、对会计处理方法和会计处理程序做出正确选择提供了依据。会计人员只为特定的会计主体进行会计工作，应独立于其本身的所有者或其他会计主体。也就是说，只有影响所核算的会计主体本身经济利益的各项交易或事项才能加以确认和计量，应将会计主体的经济活动与其所有者或其他会计主体的经济活动区分开。例如，在进行会计核算时，企业所有者所发生的与企业经营活动不相关的个人开支不能作为企业的费用处理。会计主体与法律主体有所不同，一般来说，法律主体必然是会计主体，但会计主体不一定是法律主体。例如，企业集团公司是以合并主体而非法律主体的身份编制合并报表。

（二）持续经营

持续经营，是指会计核算应当以企业持续、正常的生产经营活动为前提，即假定在可以预见的将来，企业将会按当前的规模和状态继续经营下去，不会停业，也不会大规模削减业务。会计确认与计量原则的建立、会计核算的一系列方法，都是以会计主体持续经营为前提的。例如，固定资产可以在一个较长的时期发挥作用，只有在持续经营的前提下，固定资产才可以按历史成本进行记录，并采用折旧的方法，将历史成本分摊到各个会计期间或相关产品的成本中。如果企业不能持续经营，固定资产就不应采用历史成本进行记录并按期计提折旧。但是，任何企业都存在破产、清算的风险。如果可以判断企业不会持续经营就应当改变会计核算的原则和方法，并在企业财务会计报告中作相应披露。

（三）会计分期

会计分期，是指将一个企业持续经营的生产经营活动期间划分为若干连续的、长短相同的期间。对于一个持续经营的企业来说，其结束的时间是无法预见的，而且企业不能等到其经营活动结束时才进行结算和编制财务会计报告，因此企业应当划分会计期间，分期结算账目和编制财务会计报告。会计期间分为年度和中期。中期是指短于一个完整的会计年度的报告期间，例如半年度、季度、月度等。年度、半年度、季度和月度均按公历起讫日期确定。

（四）货币计量

货币计量，是指会计主体进行会计确认、计量和报告时应当以货币计量。为了综合反映企业的各种经济活动，实现会计的目的，要求有一个统一的计量尺度。其他的计量单位如重量、长度等都只能从一个侧面反映企业的生产经营成果，无法在量上进行比较，不便于实物管理和会计计量；而货币作为一般等价物，具有价值尺度、流通手段、贮藏手段和支付手段等特点，最适合充当这样一种统一的计量尺度。

不过，采用货币计量也有其不足的地方。例如，有些因素对企业经济活动将产生一定的影响。如企业的经营战略、市场竞争力等很难以货币计量；再如，货币的价值不是固定不变的，但是为了核算的方便，企业在货币币值变化不大时，一般不考虑其价值的变动，如果通货膨胀对企业经济发展的影响较大时，则需要运用通货膨胀会计。会计主体采用货币计量时，还应确定其记账本位币，即确定以何种货币反映企业的财务状况和经营成果。企业涉及非记账本位币的业务，需要采用某种汇率将非记账本位币折算为记账本位币后登记入账。

二、会计确认、计量和报告的基础

企业会计准则规定,企业应当以权责发生制为基础进行会计确认、计量和报告。权责发生制(或称为应收应付制、应计制),是指会计上对收入和费用应按其实际发生影响的期间而不是按其发生现金收付的期间来确认。按照权责发生制的要求,凡是当期已经实现的收入和已经发生或应当负担的费用,不论款项是否收付,都应当作为当期的收入和费用;凡是不属于当期的收入和费用,即使款项已在当期收付,也不应当作为当期的收入和费用。当企业发生的货币收支业务与交易或事项本身不一致时,要求以权责发生制为基础确认、计量。例如,款项已经收到,但销售并未实现;或者款项已经支付,但并不是为本期生产经营活动而发生的。与权责发生制相对应的一种确认基础是收付实现制(或称为现收现付制、现金制),它以收到或支付现金作为确认收入和费用的标准。

第三节 财务会计信息质量要求

会计信息的质量要求,是指财务会计报告所提供的信息应达到的基本标准和要求。会计信息代表一定的经济利益关系,而且会计信息的公开披露还会直接或间接地对不同使用者的经济利益造成一些影响。因此,应对会计信息的质量提出最基本的要求。企业会计准则对会计信息的质量要求提出了八大原则,包括:客观性原则、相关性原则、明晰性原则、可比性原则、实质重于形式原则、重要性原则、谨慎性原则和及时性原则。

一、客观性原则

客观性原则(或真实性原则、可靠性原则),是指企业应当以实际发生的交易或者事项为依据进行会计确认、计量和报告,如实反映符合确认和计量要求的各项会计要素及其他相关信息,保证会计信息真实可靠、内容完整。

客观性包括真实性和可靠性两个方面的含义。真实性要求每一项会计记录都要有合法的凭据,不弄虚作假,应保证账证、账实、账表相符。可靠性要求对于经济业务的记录和报告应不偏不倚,反映客观事实。

二、相关性原则

相关性原则（或有用性原则），是指企业提供的会计信息应当与财务会计报告使用者的经济决策需要相关，有助于财务会计报告使用者对企业过去、现在或者未来的情况做出评价或者预测。会计信息要有助于会计信息使用者进行决策，如果会计信息不能满足会计信息使用者的需要，对其决策不具有作用，就不具有价值。因此，会计人员在收集、加工处理和提供会计信息的过程中，应充分考虑会计信息使用者的信息需求。

三、明晰性原则

明晰性原则（或可理解性原则），是指企业提供的会计信息应当清晰明了，便于财务会计报告使用者理解和使用。提供会计信息的目的是满足有关方面的需要，而会计信息使用者在使用信息前首先必须理解会计信息的内涵。所以，会计信息要简单、明了、易懂，对于难以理解的内容应当用文字加以说明。如果会计信息不能做到清晰明了、便于理解和利用，就不利于会计信息使用者准确、完整地把握其内容，无法满足会计信息使用者的决策需求。

四、可比性原则

可比性原则，是指企业提供的会计信息应当具有可比性，具体包含两方面的含义：

1. 同一企业不同时期发生的相同或者相似的交易或者事项，应当采用一致的会计政策，不得随意变更。确需变更的，应当在附注中说明。

同一企业所发生的交易或事项具有复杂性和多样化，对于某些交易或事项可以有多种会计核算方法。例如：存货发出计价可以采用先进先出法、加权平均法、移动平均法、个别计价法等；固定资产折旧可以采用年限平均法、工作量法、年数总和法、双倍余额递减法等。如果企业在不同的会计期间采用不同的会计核算方法，往往会造成不同会计期间成本、收入、利润等指标计算口径不一致，不具有可比性。因此，企业会计准则要求同一企业在不同会计期间的会计核算方法要前后一致，不得随意变更，从而可保证会计指标前后各期口径一致，便于纵向比较。

2. 不同企业发生的相同或者相似的交易或者事项，应当采用规定的会计政策，确保会计信息口径一致、相互可比。

会计信息使用者也许出于投资选择的要求，需要了解不同企业的财务状况和经营成果。为了比较不同企业的财务状况、经营成果和现金流量，满足决策者的需要，对企业相同或者相似的交易或事项，就应当采用规定的会计政策，使不同企业会计信息口径一致、相互可比。应当注意的是，可比性原则并不是要求企业采用的会计政策绝对不变。如果原来采用的会计核算程序和方法已不符合客观性与相关性的要求，可以进行合理的变更。如果变更了会计政策，应将变更的内容和理由、变更的累计影响数以及累计影响数不能合理确定的理由等，在会计报表附注中予以说明。

五、实质重于形式原则

实质重于形式原则是指企业应当按照交易或者事项的经济实质进行会计确认、计量和报告，不应仅以交易或者事项的法律形式为依据。有时交易或事项的法律形式并不能真实反映其实质内容，此时，为了真实反映企业的财务状况和经营成果，就应当反映其经济实质。

例如在对资产进行确认时，以融资租赁方式租入的固定资产，从法律形式来看，其所有权不属于承租方，但从经济实质来讲，承租方对其实施实际控制，因此，应将该固定资产作为承租方的资产进行核算，包括对其计提折旧。再如销售商品的售后回购，如果企业已将商品所有权上的主要风险和报酬转移给购货方，并同时满足收入确认的其他条件，则应当确认收入；如果企业没有将商品所有权上的主要风险和报酬转移给购货方，或没有满足收入确认的其他条件，即使企业已将商品交付购货方，销售也没有实现，不应当确认收入。

六、重要性原则

重要性原则，是指企业提供的会计信息应当反映与企业财务状况、经营成果和现金流量等有关的所有重要交易或者事项。重要性原则要求，应根据一项交易或事项是否对会计信息使用者的决策产生重大影响来决定对其反映的精确程度，以及是否需要对其在会计报表上单独反映。对资产、负债、损益等有较大影响的交易或事项，应作为会计确认、计量和报告的重点。对于次要的交易或事项应适当简化处理。会计交易或事项的重要性是相对的。在评价其重要性时，很大程度上取决于会计人员的职业判断，一般应当从质和量两个方面把握。

从性质来说，当某一事项有可能对决策产生一定的影响时，就属于重要项目；从数量来说，当某一项目的数量达到一定规模时，可能对决策产生影响就应被视作重要项目。

七、谨慎性原则

谨慎性原则（或稳健性原则），是指企业对交易或者事项进行会计确认、计量和报告时应当保持应有的谨慎，不应高估资产或者收益，也不应低估负债或者费用。

谨慎性原则要求对某一会计事项有多种不同的处理方法时，应当保持必要的谨慎，尽可能选择既不高估资产或收益，也不低估负债或费用的方法。例如，期末对应收款项计提坏账准备，对期末存货采用成本与可变现净值孰低法等，充分体现了谨慎性原则。

八、及时性原则

及时性原则，是指企业对于已经发生的交易或者事项应当及时进行会计确认、计量和报告，不得提前或者延后。会计信息具有时效性，如不及时提供，失去其时效性，对使用者的效用就会大大地降低。及时性原则应贯穿于会计确认、计量和报告的整个过程，体现在：

1. 及时收集会计信息。即要求在经济业务发生后，及时地收集整理各种原始单据。

2. 及时处理会计信息。即要求按企业会计准则的规定，及时地对交易或事项进行确认和计量，编制出财务会计报告。

3. 及时传递会计信息。即要求在国家规定的时限内，及时地将编制的财务会计报告传递给财务会计报告使用者。

第四节　财务会计要素及其计量

一、会计计量

会计计量，是指企业在将符合确认条件的会计要素登记入账并列报于财务报表时，应当按照规定的会计计量属性进行计量，确定其金额。企业会计准则规定，会计计量属性主要包括以下几个方面。

（一）历史成本

在历史成本计量下，资产按照购置时支付的现金或者现金等价物的金额，或者按照购置资产时所付出的对价的公允价值计量。负债按照因承担现时义务而实际收到的款项或者资产的金额，或者承担现时义务的合同金额计量，或者按照日常活动中为偿还负债预期需要支付的现金或者现金等价物的金额计量。

（二）重置成本

在重置成本计量下，资产按照现在购买相同或者相似资产所需支付的现金或者现金等价物的金额计量；负债按照现在偿付该项债务所需支付的现金或者现金等价物的金额计量。

（三）可变现净值

在可变现净值计量下，资产按照其正常对外销售所能收到现金或者现金等价物的金额扣减该资产至完工时估计将要发生的成本、估计的销售费用以及相关税费后的金额计量。

（四）现值

在现值计量下，资产按照预计从其持续使用和最终处置中所产生的未来净现金流入量的折现金额计量；负债按照预计期限内需要偿还的未来净现金流出量的折现金额计量。

（五）公允价值

在公允价值计量下，资产和负债按照在公平交易中，熟悉情况的交易双方自愿进行资产交换或者债务清偿的金额计量。企业在对会计要素进行计量时，一般应当采用历史成本，采用重置成本、可变现净值、现值、公允价值计量的，应当保证所确定的会计要素金额能够取得并可靠计量。

二、财务会计要素

财务会计要素，是指按照交易或事项的经济特征，对会计对象进行的基本分类，它是会计核算对象的具体化，是反映企业财务状况和经营成果的基本单位，是会计报表的基本构件。企业会计准则将会计要素分为资产、负债、所有者权益、收入、费用和利润6类。其中，资产、负债、所有者权益为资产负债表要素，反映财务状况的会计要素，属于静态会计要素；收入、费用、利润是利润表要素，反映经营成果的会计要素，属于动态会计要素。

（一）反映财务状况的要素

1. 资产。资产是指企业过去的交易或者事项形成的、由企业拥有或者控制的、预期会给企业带来经济利益的资源。其中企业过去的交易或者事项，包括购买、生产、建造行为或其他交易或者事项。预期在未来发生的交易或者事项不形成资产；由企业拥有或者控制是指企业享有某项资源的所有权或者虽然不享有某项资源的所有权但该资源能被企业所控制；预期会给企业带来经济利益，是指直接或者间接导致现金和现金等价物流入企业的潜力。

符合资产定义的资源在同时满足以下条件时，确认为资产：第一，与该资源有关的经济利益很可能流入企业。第二，该资源的成本或者价值能够可靠地计量。

符合资产定义和资产确认条件的项目，才应当列入资产负债表；符合资产定义、但不符合资产确认条件的项目，不应当列入资产负债表。资产按照其流动性，分为流动资产和非流动资产。

2. 负债。负债是指企业过去的交易或者事项形成的、预期会导致经济利益流出企业的现时义务。其中现时义务，是指企业在现行条件下已承担的义务；未来发生的交易或者事项形成的义务，不属于现时义务，不应当确认为负债。

符合负债定义的义务，在同时满足以下条件时，确认为负债：第一，与该义务有关的经济利益很可能流出企业。第二，未来流出的经济利益的金额能够可靠地计量。

符合负债定义和负债确认条件的项目，应当列入资产负债表；符合负债定义、但不符合负债确认条件的项目不应当列入资产负债表。负债按照其流动性分为流动负债和非流动负债。

3. 所有者权益。所有者权益（或股东权益）是指企业资产扣除负债后由所有者享有的剩余权益。所有者权益的来源包括所有者投入的资本、直接计入所有者权益的利得和损失、留存收益等。其中，直接计入所有者权益的利得和损失是指不应计入当期损益、会导致所有者权益发生增减变动的、与所有者投入资本或者向所有者分配利润无关的利得或者损失。

利得，是指由企业非日常活动形成的、会导致所有者权益增加的、与所有者投入资本无关的经济利益的流入；损失是指由企业非日常活动发生的、会导致所有者权益减少的、与向所有者分配利润无关的经济利益的流出。所有者权益金额取决于资产和负债的计量。

（二）反映经营成果的要素

1. 收入。收入是指企业在日常活动中形成的、会导致所有者权益增加的、与所有者投入资本无关的经济利益的总流入。收入只有在经济利益很可能流入从而导致企业资产增加或者负债减少，且经济利益的流入额能够可靠计量时才能予以确认。符合收入定义和收入确认条件的项目，应列入利润表。

2. 费用。费用是指企业在日常活动中发生的、会导致所有者权益减少的、与向所有者分配利润无关的经济利益的总流出。费用只有在经济利益很可能流出从而导致企业资产减少或者负债增加，且经济利益的流出额能够可靠地计量时才能予以确认。企业为生产产品、提供劳务等发生的可归属于产品成本、劳务成本等的费用，应当在确认产品销售收入、劳务收入等时将已销售产品、已提供劳务的成本等计入当期损益。企业发生的支出不产生经济利益的，或者即使能够产生经济利益但不符合或者不再符合资产确认条件的，应当在发生时确认为费用，计入当期损益。企业发生的交易或者事项导致其承担了一项负债而又不确认为一项资产的，应当在发生时确认为费用，计入当期损益。符合费用定义和费用确认条件的项目应列入利润表。

3. 利润。利润是指企业在一定会计期间的经营成果，包括收入减去费用后的净额、直接计入当期利润的利得和损失等。其中，直接计入当期利润的利得和损失，是指应当计入当期损益、会导致所有者权益发生增减变动的、与所有者投入资本或者向所有者分配利润无关的利得或者损失。利润金额取决于收入和费用、直接计入当期利润的利得和损失金额的计量。利润项目应当列入利润表。

三、会计等式

会计等式（或会计平衡公式），是指表示会计要素之间数量关系的公式，它是进行复式记账、试算平衡以及编制会计报表的理论依据，是会计基本等式。企业的生产经营首先必须拥有一定数量的资产，为企业提供资金来源者，对企业的资产拥有要求权，称为权益。资产表明企业拥有经济资源的类型及其数量，权益表明这些经济资源的提供者。资产与权益之间存在着相互依存的关系，即有一定数额的资产，就必然有相应数额的权益；反之，亦然。所以，一个企业的资产总额与权益总额必然相等。

企业的资产来源于两个方面：一是所有者的投资（所有者权益）；二是债权人的债权（债权人权益）。所有者的投资与债权人的债权有着本质的区别：所有者的投资一般不需要归还，但参与企业的利润分配；债权人不参与企业的利润分配，但其债权需要偿还。债权人权益通常又称为负债，因此，上述会计等式又可以表示为：

资产 = 负债 + 所有者权益

企业的经营目标是从生产经营活动中获取收入，实现盈利。企业在取得收入的同时，也必然要发生相应的费用。通过收入与费用的比较，可计算确定企业在一定期间实现的利润。因此，收入、费用、利润的关系可用公式表示为：

收入 − 费用 = 利润

在会计期初，会计等式的形式为"资产 = 负债 + 所有者权益"。在会计期间，随着企业经济活动的进行，企业一方面取得了收入，并因此增加了资产或减少了负债；另一方面也发生各种各样的费用，并因此减少了资产或增加了负债。所以，在会计期末结账之前，会计等式转化为：

资产 = 负债 + 所有者权益 +（收入 − 费用）

上述会计等式体现了反映财务状况的会计要素和反映经营成果的会计要素之间的联系。

会计期末，企业先根据收入和费用，计算得到利润（或亏损），再按规定的程序进行分配，并将分配剩余的利润转入所有者权益项目。所以，在会计期末结账之后，会计等式又恢复为会计期初的形式，即：

资产 = 负债 + 所有者权益

经济业务的发生会导致资产和权益的变化，但不会破坏会计等式的恒等性。

第五节　新经济对财务会计的影响

一、新经济的定义

尽管当前"新经济"一词众所周知，但迄今仍缺乏公认的定义，对其内涵也存在多种不同的解读。

1983年5月《时代》杂志刊登了封面文章《新经济》，用于解释以重工业为基础的经济向以新技术为基础的经济的根本转变。这是"新经济"一词第一次出现，但当时互联网尚未普及，因此此词并不流行。1996年12月《商业周刊》刊登文章《新经济的胜利：全球化和信息革命的强大回报》，其将发端于经济全球化和信息革命，由科技创新驱动的经济发展模式称为"新经济"。此后，这一术语开始频繁出现。得益于新闻媒体的一系列宣传，新经济现已成为广为人知的术语，但对于其定义，学术界和实务界见仁见智，莫衷一是，各自基于自己的视角和认知，给新经济下了很多不同的定义。通过梳理国内外的文献可以发现，新经济可以从不同维度进行定义。

从经济发展阶段的维度来看，新经济是相对于旧经济的一种经济形态，是指从工业经济进化、转型为信息经济的发展现象，尤其指美国20世纪90年代由信息技术革命和经济全球化推动的经济结构转型。《商业周刊》的定义就是基于这一维度。

从经济发展特征的维度来看，新经济是指"三高"（高经济增长率、高劳动生产率、高经济效益）与"三低"（低通货膨胀率、低失业率、低财政赤字）并存、无经济周期或经济周期不明显的经济发展模式。经济学家通常从这个维度定义新经济。

从经济增长动力的维度来看，新经济是指主要由研究开发、品牌信誉、人力资源、客户关系等无形投资驱动，而不是依靠有形投资拉动的经济发展方式。

从经济发展载体的维度来看，新经济是指建立在技术进步、知识获取、创新创业基础上的经济形态。例如：阿特金森和科尔特在《美国新经济：联邦与州》一书中，将新经济定义为信息经济、网络经济、知识经济、风险经济的总称；德国基尔世界经济研究所则将新经济定义为"中间产品和最终产品主要由信息构成的经济"；还有学者认为，新经济是以获取、处理、转化知识和信息作为核心活动的经济；美国信息技术与创新基金会（ITIF）将新经济定义为依靠知识和创新获得经济增长的发展模式；我国提出的"四新经济"，也可归于这一维度。"四新经济"是指"新技术、新产业、新业态、新模式"的经济形态，是在新一代信息技术革命、新工业革命以及制造业与服务业融合发展的背景下，以现代信息技术广泛嵌入和深化应用为基础，以市场需求为根本导向，以技术创新、应用创新、模式创新为内核并相互融合的新经济形态。

上述定义虽然视角不同，各有侧重，但都承认新经济是以知识、信息和创新等无形资源为主导的经济发展模式，其共识是"新经济是信息技术革命和经济全球化的产物"。笔者认为，新经济本质上是一种知识经济，是以智力、研发、创意、创新等无形资源为主要驱动因素，依靠信息技术进步和商业模式创新推动经济全球化的智慧型经济形态。

二、新经济对会计基本假设产生的影响

会计基本假设构成了财务会计与报告的基础，高度概括了财务会计（会计核算）的环境特征。新经济时代的经营环境和技术环境发生了重大而深刻的变化，商业模式创新更是层出不穷。通过对会计主体假设、持续经营假设、会计分期假设和货币单位假设的逐一分析，笔者认为，新经济的环境因素已经对会计基本假设造成了较大冲击和影响，有必要对其重新审视，并不断改革完善。

（一）对会计主体假设的影响

会计主体假设规定了财务会计的空间界限，界定了财务报告的内容和边界，将会计主体与市场、其他主体以及主体的所有者严格区分开来。在旧经济时代，企业信奉的是"单打独斗闯天下"的经营理念，经营相对独立，边界泾渭分明，有形资产占绝对主导地位，会计主体容易识别；而在新经济时代，"资源整合定成败"成为新的经营理念，企业基于供应链管理、价值链管理和生态网管理，普遍采用外包、众包和联盟等资源整合战略，企业之间的相互依存度显著提高，生产制造商、材料供应商、技术开发商、品牌代理商、产品经销商之间结成了利益共同体。刚性组织逐步被液态组织所取代，自由组合、自由流动成为新时尚。人才、技术、资本等要素可以借助数字化平台自由组合、自由流动，分工协作、优势互补，完成任务后随即解散或转手，造成企业内部与外部的边界日益模糊，会计主体的识别变得不易，甚至困难重重。

在新经济时代，协作协同是新经济企业获取市场竞争力、提升价值创造能力的关键因素。若离开芯片供应商、富士康等代加工工厂以及成千上万的 App 开发商，苹果公司的创意和研发就不可能转化为受消费者青睐的电子产品。组织的液态化和平台化导致企业的所有权与使用权加速分离，基于明晰产权和资产专用性的组织边界出现了松动。在组织活力日益依赖于协作协同的新经济时代，仅依据法律产权这一微观会计主体假设来界定财务报告的边界，所提供的财务信息显然不足以反映整个"利益共同体"的活力、实力和潜力。但这并不意味着微观会计主体假设在新经济时代没有用武之地，将微观会计主体假设弃之不用，会造成产权不明、权责不分的混乱。

新经济时代给人们的一个重要启示是，主体假设似乎有必要裂变为微观的会计主体假设和宏观的报告主体假设。会计主体假设与报告主体假设并行不悖，各有侧重，前者侧重于从法律产权的角度限定会计核算的边界，后者侧重于从协作协同的角度拓展财务报告的边界。主体假设裂变为会计主体假设和报告主体假设是环境使然，就像随着控股公司的出现，在个别报表之外又派生出合并报表，造成会计主体与报告主体的分离。将主体假设进一步细化为会计主体假设和报告主体假设，有助于新经济企业在提供以法律产权和控制权为基础的个别财务报告和集团财务报告的同时，逐步向供应链财务报告、价值链财务报告和生态网财务报告的方向拓展和延伸，不断丰富财务报告的内容和形式，推动财务会计由微观向中观和宏观跃升。

（二）对持续经营假设的影响

持续经营假设对会计计量属性的选择至关重要。如果持续经营假设成立，则表明企业持有的资产将用于正常的生产经营活动，负债也将在日常经营活动中有序地逐步清偿,在这种情况下,历史成本成为资产和负债的首选计量属性。存货成本的分期结转、固定资产的定期折旧、无形资产的分期摊销,依据的就是持续经营假设。在旧经济时代,虽然企业歇业或破产时有发生,但持续经营假设高度概括出的环境特征在大多数情况下与企业相对稳定的外部环境相吻合。

在新经济时代,信息通信技术高频迭代,商业模式创新日新月异,市场竞争异常激烈,优胜劣汰十分残酷,VUCA(易变性、不确定性、复杂性和模糊性)无所不在,持续经营假设已经不再与变幻莫测的外部环境相契合。1995年全球市值最大的5家互联网公司,到如今只有苹果公司依然存活。柯达胶卷被索尼数码相机所取代,索尼数码相机被诺基亚手机所取代,诺基亚手机又被苹果手机颠覆,以及出租车行业受到网约车行业冲击、传统媒体广告被新媒体广告冲击等,均足以说明新经济时代下持续经营假设已不再是理所当然。

持续经营假设是否成立,对于无形资产密集型的新经济、新业态企业而言意义重大。相对于存货和固定资产等有形资产,研发、技术、专利、人才、客户关系、信息资源、智慧资本等无形资产,其价值更容易受到信息技术迭代和商业模式创新的影响,且企业一旦丧失持续经营能力,这些无形资产的清偿价值将远低于有形资产。新经济时代给我们的启示是:应当采用更加严苛的标准对持续经营假设是否成立进行评估,会计计量属性的选择不应过分拘泥于历史成本,只有通过更频繁的计提减值准备对历史成本进行修正,更多地利用现时价值计量无形资产,才能促使持续经营假设更好地反映新经济时代的易变性、不确定性、复杂性和模糊性的环境特征。

(三)对货币单位假设的影响

货币单位假设包含两层含义:一是会计以货币作为计量单位;二是作为计量尺度的货币保持价值不变。

从价值反映的角度来看,货币单位假设的第一层含义在新经济时代依然适用,即货币是价值唯一可以表现的能够量化的形式。新经济时代给我们的启示是,会计只以货币作为计量单位并不足取,会极大地限制新经济企业对价值创造的反应能力。在新经济时代,驱动企业创造价值的很多因素,如创意设计、品牌影响、信息资源、创新能力、团队合作、人力资本、结构资本和关系资本等无形资产,难以用货币计量,只有辅以非货币计量,这些价值创造驱动因素才能得到充分反映。对于无形资产富余、有形资产不足的新经济企业而言,货币计量与非货币披露并举才是逃离大量无形资产被长期排除在财务报告之外的窘境的有效途径。而且,借助大数据、区块链、云计算、物联网和人工智能等信息技术的赋能,会计实现货币与实物双重计量,综合运用货币计量与非货币披露并非天方夜谭，而是具有一定的现实可行性。备受好评的可视化财务报告的出现，证明会计完全可以从单一的静态货币计量向多维的动态多重计量发展。

至于货币单位假设的第二层含义，即使在旧经济时代也与真实的环境特征相去甚远，遑论在新经济时代，币值稳定在VUCA时代根本就是一种奢望。此外，对历史成本会计至关重要的币值稳定假设，到了公允价值会计日趋普遍的新经济时代便显得无关紧要。

（四）对会计分期假设的影响

会计分期假设与持续经营假设相辅相成，如果持续经营假设不成立，会计分期的必要性将荡然无存。正因为将企业视为持续经营的主体，才有必要按月度、季度和年度等将企业的持续经营长河截取为若干财务报告期间，以便会计信息使用者及时了解企业在特定期间或时点的经营状况。会计分期的必要性除了与持续经营假设密切相关外，还与会计信息化水平高度关联。在旧经济时代，企业的会计信息化水平不高，更谈不上智能化，会计分期假设高度概括了财务信息滞后性反映的环境特征。进入新经济时代，得益于信息通信技术突飞猛进的发展，企业会计信息化和智能化水平显著提升，实时会计指日可待。

在财务会计所处的技术环境发生颠覆性变化的情况下，学者们对于会计分期是否应继续作为会计基本假设存在着不同见解。一种观点认为，实时会计说明会计分期假设略显多余；另一种观点则认为，实时会计表明会计分期假设得到强化，会计期间的颗粒度有望进一步细化为日、时和分。笔者赞同第二种观点。新经济时代给我们的启示是，会计分期假设因信息通信技术的进步而得到强化，而非弱化。在大数据时代，会计信息使用者已不再满足于"雨后送伞式"的季报和年报，实时报告将促使会计分期进一步细化，零时滞的财务报告呼之欲出。

三、新经济对确认与计量产生的影响

新经济、新技术孕育出新业态、新业务。现有财务报告概念框架的确认标准和计量规则在面对蓬勃发展的新业态、新业务时，水土不服、疲态毕露。确认标准和计量规则若不进行与时俱进的改革和完善，可能成为阻碍新经济发展的桎梏。

（一）对资产定义的影响

符合报表要素定义是会计确认的重要标准之一。旧经济时代对报表要素特别是资产的定义，到了新经济时代是否合理，需要重新检视。譬如，在新经济时代发展得如火如荼的共享经济，不以拥有或控制资源为目的，资源的可接触、可获取和可使用才是关键所在。网约车平台既不拥有也不控制网约车和驾驶员，却可随时接触、获取和使用这些资源为用户提供出行服务，为股东创造价值。空中食宿在没有一间客房、一个服务员的情况下，却发展成为世界上最大的酒店服务企业，依靠的就是其资源整合能力。美团、饿了么在未拥有或控制任何餐厅和服务员的情况下，发展成为年营业额超过万亿元的餐饮外卖巨擘，同样说明了整合和分享资源的重要性一点也不亚于拥有或控制资源。

以资源整合和资源分享为特征的共享经济，对旧经济时代提出的资产要素定义造成了巨大冲击。在2018年国际会计准则理事会（IASB）发布新修订的《财务报告概念框架》之前，不同准则制定机构对资产的定义大同小异。例如，美国财务会计准则委员会（FASB）将资产定义为，特定的主体由于过去的交易或事项而拥有或控制的可能（Probable，概率大于50%）的未来经济利益。该定义有两大特点：一是强调"拥有"或"控制"；二是将资产与成本分离，强调"未来经济利益"，淡化了为获取资产实际耗费的支出。IASB在借鉴FASB定义的基础上指出，资产是指由主体控制的、由过去的事项形成、预期将为主体带来未来经济利益流入的资源。与FASB一样，IASB对资产的定义也强调"控制"和"未来经济利益"，但不像FASB那样强调"拥有"。IASB新修订的《财务报告概念框架》中对资产的定义做了重大修改，表示资产是主体由于过去事项而控制的现时经济资源，经济资源指有潜力产生经济利益的权利。其中，"有潜力"意味着权利所产生的经济利益不需要是确定的，甚至不需要是可能（Likely，概率小于50%）的，即使产生经济利益的可能性较低，一项权利如果满足经济资源的定义，就可被视为资产。

从资产的最新定义可以看出，权利、控制和经济资源是资产定义的三大关键要素。新的资产定义不像过去那样强调经济利益的确定性，有利于新经济企业将经济利益不确定的权利确认为资产，这无疑是一大进步。然而美中不足的是，新的资产定义依然保留了"控制"，这就限制了新经济企业特别是从事共享经济的企业对资产的确认。世界智慧资本/智慧资产行动组织（WICI）指出，智慧资本等无形资源之所以没有在会计上得到确认，与准则制定机构在定义资产时过分强调"拥有"或"控制"有关，建议将这两个术语改为"可获取"或"可使用"。这一观点不无道理，比如，共享经济企业主要是通过可获取或可使用的有形和无形资源来创造未来经济利益的，对资源的拥有或控制已经不再是资产的核心要义。鉴于此，笔者认为IASB最新资产定义中的"主体由于过去事项而控制的现时经济资源"，如果改为"主体由于过去事项而形成的现时经济资源"，就更加符合新经济企业整合资源的实际情况。从这个意义上来看，新经济给我们的一个启示是，报表要素的定义必须与时俱进，契合企业使用和整合资源方式的发展趋势。

（二）对平台资产处理方式的影响

数字平台在新经济中扮演的角色日益重要。网络效应是数字平台最显著的特征，其带给我们的启示是，数字平台的价值与其用户量高度相关，使用数字平台的用户越多，数字平台的价值就越大；反之，亦然。换言之，平台资产的价值取决于平台用户量及其使用频率。

为了支撑海量的用户，数字平台必须投入大量的人力和物力，从而形成价值不菲的平台资产。目前，这些平台资产仍然按旧经济时代的思维进行会计处理，折旧和摊销不是采用年限法，就是采用工作量法。这种会计处理方式与数字平台的网络效应背道而驰，是新经济遇到的新问题之一。

在旧经济时代，企业计提折旧和摊销，主要是为了弥补固定资产和无形资产的价值损耗。平台资产的具体组成项目，如电脑信息系统，可能会随着不断使用而发生价值减损，但平台资产的整体价值会随着用户的频繁使用而不断增值。那么，在对平台资产的具体组成项目计提折旧或摊销的同时，是否应当确认平台资产因网络效应带来的增值？这是值得会计界探讨的一个重大问题。如果不确认网络效应带来的增值，平台资产的实际价值与账面价值将渐行渐远，数字平台经营得越成功，二者的背离程度越严重。

（三）对收入确认的影响

新经济本质上是创新经济，技术创新和商业模式创新催生了新业务和新业态。对于提供网络出行、网络购物、网络游戏等新型服务的平台企业，其收入如何确认是新经济时代颇具挑战性的问题之一。虽然采用总额法和净额法不会对利润产生差别性的影响，但其对营业收入的影响十分重大。对于很多新经济企业而言，营业收入这个利润表的首行项目比末行项目更加重要，因为不少新经济企业是亏损的，资本市场不可能采用市盈率对其进行估值，市销率往往成为这类企业最重要的估值方法。此时，采用总额法还是净额法就有可能带来不同的经济后果。

虽然新的收入准则规定，企业应当根据其在向客户转让商品前是否拥有该商品的控制权，判断其从事交易时的身份是主要责任人还是代理人，并以此作为采用总额法还是净额法的依据，但这种原则导向型的规定在实际运用时往往不易判断。

至于网络游戏平台的收入确认，除了总额法和净额法的选择，还涉及时点法和时期法的问题，甚至还存在着销售返利、赠送等涉及代币券、道具的公允价值计量等特殊问题。新经济时代新业务、新业态的收入确认问题，不仅给新经济企业带来了重大挑战，也给准则制定机构提出了严峻考验。

（四）对财务分析的影响

在旧经济时代被广泛应用且行之有效的一些财务分析指标，如净资产收益率、市盈率和市净率，到了新经济时代开始失灵，甚至可能产生误导。

1903年杜邦公司发明的净资产收益率和杜邦分析法，是旧经济时代评价企业管理层是否有效履行对股东财务责任最常用的财务指标。在新经济时代，继续使用净资产收益率评价新经济企业管理层的经营业绩，将造成以下两个后果：

第一，可能诱导管理层的短期行为，迫使其减少虽有利于提升企业核心竞争力和价值创造能力但会导致短期利润下降的无形投资，如研究开发、创意设计、人才培养、专利申请、网络更新、数据收集、市场开拓、客户维护、品牌建设、流程优化等方面的支出。尽管这些支出具有明显的资本支出属性，但现行会计准则认为这些支出能够带来的未来经济利益存在重大不确定性，一般都要求将其做费用化处理。

第二，可能导致业绩评价的不公平，除了将上述无形投资支出费用化从而导致低估新经济企业的真实盈利能力外，现行会计准则对无形投资所形成的无形资产采用高于有形资产的确认标准，造成诸如数字资产和智慧资本等大量无形资产未在会计上得到确认，进而导致新经济企业的净资产被低估。在这两方面因素的共同作用下，新经济企业净资产收益率的分子和分母均严重失实，以此评价新经济企业管理层的经营业绩，既不公平也不合理。

新经济企业的市盈率和市净率通常高于旧经济企业，可以用两个因素来解释：一是市场因素。投资者看好新经济企业的发展前景，或者投资者对新经济企业的非理性炒作，都可能推高其股价，从而造成企业的市盈率和市净率高。二是会计因素。会计准则对支出资本化的严苛要求，导致新经济企业将大量具有资本支出属性的无形投资费用化，从而低估了其盈利水平，导致其市盈率高；同样地，会计准则对无形资产的确认标准过于严格，新经济企业大量的无形资产得不到确认，导致其市净率居高不下。新经济给我们的启示是，如果不剔除会计因素的影响，直接比较新经济企业与旧经济企业的市盈率和市净率，不仅没有任何意义，而且极易产生误导。

第二章　资金与存货

货币资金，是指企业生产经营过程中处于货币形态的资产，在流动资产中，货币资金的流动性最强。它作为支付手段，可以直接用于购买商品或劳务，或者用于偿还债务。为了确保企业生产经营活动正常进行，企业必须拥有一定数量的货币资金。货币资金按其存放的地点和用途的不同可分为库存现金、银行存款、其他货币资金。存货（Inventory）是指企业在日常活动中持有的以备出售的产成品或商品、处在生产过程中的在产品、在生产过程或提供劳务过程中耗用的材料和物料等。具体来讲，存货包括各类原材料、在产品、半成品、产成品、商品以及周转材料、委托代销商品等。

第一节　库存现金

库存现金（以下简称现金）通常是指企业为了满足日常零星开支的需要而存放在企业财会部门、由出纳人员经管的各种货币，包括人民币现钞和外币现钞。库存现金是企业流动性最强的资产。企业应严格按照国家现金管理制度的有关规定，正确核算现金收支，加强对库存现金的控制和管理。

一、现金的管理

根据国务院颁布的《现金管理暂行条例》规定，现金的管理主要包括以下几个方面的内容。

（一）现金的使用范围

企业可以用现金支付的款项包括：职工的工资、津贴；个人的劳务报酬；根据国家规定颁发给个人的科学技术、文化艺术、体育等各种奖金；各种劳保、福利费用以及国家规定的对个人的其他支出；向个人收购农副产品和其他物资的价款；出差人员必须随身携带的差旅费；结算起点（现行规定为1000元）以下的零星开支；中国人民银行确定需要支付现金的其他支出。

凡不属于现金结算范围的均应通过银行办理转账结算。

（二）库存现金限额

为了保证企业日常零星开支的需要，允许单位留存一定数额的现金。库存现金限额由单位向开户银行提出申请，开户银行根据单位的实际需要审查核定。一般按照企业3~5天的日常零星现金开支的需要确定。边远地区和交通不发达地区的企业，库存现金限额可多于5天，但不能超过15天的日常零星开支量。企业每日的现金结存数，不得超过核定的限额，超过部分必须及时送存银行；不足限额时，可以签发现金支票向银行提取现金补足。

（三）现金日常收支管理

企业在办理有关现金收支业务时，应遵守以下规定。

（1）现金的收入应于当日送存银行，当日送存银行确有困难的，由开户银行确定送存时间。

（2）企业在现金结算范围内支付现金，可以使用本企业库存现金，或者从开户银行提取，但不得坐支现金。坐支现金，是指企业从本单位现金收入中直接支付现金的行为。因特殊情况需要坐支现金的，应事先报经开户银行审查批准，由开户银行核定坐支范围和限额。企业应定期向开户银行报送坐支金额和使用情况。

（3）企业从银行提取现金，应如实写明提取现金的用途，由本单位财会部门负责人签字盖章经开户银行审核后方可支取。

（4）企业因采购地点不固定、交通不便、生产或者市场急需、抢险救灾以及其他特殊情况必须使用现金的，应当向开户银行提出申请，由本单位财会部门负责人签字盖章，经开户银行审核后，方可支付现金。

（5）不准用不符合国家会计制度的凭证顶替库存现金，即不得"白条顶库"；不准谎报用途套取现金；不准用银行账户代其他单位和个人存入或支取现金；不准将单位收入的现金以个人名义存入储蓄；不准保留账外公款（"公款私存"），不得设"小金库"等。

企业的现金收支，必须取得或填制合法的原始凭证，经由会计主管或其他指定的专人进行审核后，据以填制现金收付的记账凭证，并经审核后办理现金收付。出纳人员在收付现金后,应在原始凭证上加盖"现金收讫"或"现金付讫"的戳记,以免重收重付。

二、现金的核算

企业应对库存现金进行总分类核算和明细分类核算。

(一)现金的总分类核算

为了总括地反映企业库存现金的收入、支出和结存情况,企业应当设置"库存现金"科目,用来核算企业的库存现金,借方登记库存现金的增加,贷方登记库存现金的减少,期末余额在借方,反映企业期末实际持有的库存现金的金额。

"库存现金"账户可以根据现金收、付凭证和银行存款、付款凭证直接登记,也可以根据汇总收付凭证或者科目汇总表等定期汇总登记。企业内部各部门周转使用的备用金,不在"库存现金"科目核算,应在"其他应收款"科目,或单独设置"备用金"科目核算。企业收到现金后,应借记"库存现金"科目,贷记有关科目;企业支出现金,应借记有关科目,贷记"库存现金"科目。

(二)库存现金的明细分类核算

为了序时、详细地反映库存现金的收入、支出和结余情况,保证库存现金的收支合理、合法、合规及账款相符,企业还应设置库存现金日记账进行现金收支的明细核算。有外币的企业,应当分别以人民币和各种外币设置库存现金日记账,库存现金日记账采用订本式账簿,由出纳人员根据审核无误的收款凭证、付款凭证,按业务发生的先后顺序逐笔序时登记。每日终了,应计算当天的现金收入、现金支出的合计数和现金结余数,并将结余数与实际库存数进行核对,做到日清月结、账款相符,严禁以"白条"抵充库存现金。月份终了,应核对库存现金日记账的余额与"库存现金"总账的余额,做到账账相符。

三、现金的清查

为了加强对库存现金保管工作的监督,除了出纳人员应对库存现金进行日常清点核对之外,企业还应组织清查小组对库存现金进行定期清查或突击清查。现金的清查一般采用实地盘点法,目的是检查库存现金的盈亏情况,确定账款是否相符;检查库存现金管理制度的执行情况,检查是否存在"白条顶库"、"坐支"、挪用现金、现金库存超过限额等现象。

对于清查结果应当编制库存现金盘点报告单。如果存在"白条顶库"、挪用现金的情况，应及时予以纠正；如果现金超过库存限额，应及时送存银行；如果发现账款不符，应查明原因，并按管理权限报经批准后做出相应的会计处理。企业清查的现金损溢，一般应于期末前查明原因，并在期末结账前处理完毕。如清查的现金损溢在期末前仍未获得批准处理，应在会计报表附注中加以说明。根据库存现金盘点报告单，对发现的有待查明原因的现金短款或长款，应借记或贷记"待处理财产损溢——待处理流动资产损溢"科目，贷记或借记"库存现金"科目。待查明原因再根据不同原因及处理结果，将其转入其他有关科目。

（1）如为现金短缺，属于应由责任人赔偿或保险公司赔偿的部分，借记"其他应收款"科目，贷记"待处理财产损溢——待处理流动资产损溢"科目；属于无法查明的其他原因，借记"管理费用"科目，贷记"待处理财产损溢——待处理流动资产损溢"科目。

（2）如为现金溢余，属于应支付给有关人员或单位的，借记"待处理财产损溢——待处理流动资产损溢"科目，贷记"其他应付款"科目；属于无法查明原因的现金溢余，借记"待处理财产损溢——待处理流动资产损溢"科目，贷记"营业外收入"科目。

第二节 银行存款

银行存款是指企业存入银行或其他金融机构的各种款项。按照中国人民银行颁布的《支付结算办法》的规定，凡是独立核算的单位，应当根据业务需要，在其所在地银行开设账户，并通过所开设的账户进行存款、取款以及各种收支转账业务的结算。

一、银行存款开户管理

企业在银行开立的存款账户可分为基本存款账户、一般存款账户、临时存款账户和专用存款账户等。

基本存款账户是企业办理日常转账结算和现金收付的账户。该账户为企业的主办账户，企业日常经营活动的资金收付及其工资、奖金和现金的支取，应通过基本存款账户办理。企业只能在银行开立一个基本存款账户。

一般存款账户是企业因借款或其他结算需要，在银行或金融机构开立的基本存款账户以外的银行结算账户。该账户用于办理借款转存、借款归还和其他结算的资金收付。一般存款户可办理现金缴存，但不能支取现金。

临时存款账户是企业因临时需要在规定期限内使用而开立的银行结算账户，为了满足企业临时性采购资金需要等。该账户用于办理临时机构以及企业临时经营活动发生的资金收付。临时存款账户的有效期最长不得超过2年。该账户支取现金应按照国家现金管理的规定办理。

专用存款账户是企业按照法律、行政法规和规章，对其特定用途资金进行专项管理和使用而开立的银行结算账户。专项存款账户不得办理现金收付业务。企业在银行开立的存款账户，只能用于办理本企业经营业务范围内的资金收付业务，不得出租和转让给其他单位或个人使用。

二、银行结算方式

现金开支范围以外的各项款项的支付，都必须通过银行办理转账结算。按照《支付结算办法》规定，银行存款账户必须有足够的资金保证支付，不准签发空头支票和远期支票套取银行信用；不得签发、取得、转让没有真实交易和债权债务的票据套取银行及他人资金。

在我国，企业发生货币资金的收付业务可采用支票、银行本票、银行汇票、商业汇票、信用卡、汇兑、委托收款、托收承付、信用证九种方式办理结算。

（一）支票

支票是出票人签发的，委托办理支票存款业务的银行在见票时无条件支付确定的金额给收款人或者持票人的票据。支票可分为普通支票、现金支票、转账支票、划线支票四种。

支票上印有"现金"字样的为现金支票，现金支票只能用于支取现金。支票上印有"转账"字样的为转账支票，转账支票只能用于转账。支票上未印"现金"或"转账"字样的为普通支票，普通支票既可以用于转账，也可以用于支取现金。在普通支票左上角划两条平行线的为划线支票，划线支票只能用于转账，不得支取现金。

单位和个人在同一票据交换区域的各种款项的结算，均可以使用支票。支票的出票人必须是在经中国人民银行当地分支行批准办理支票业务的银行机构开立可以使用支票的存款账户的单位和个人。支票的付款人，为支票上记载的出票人开户银行。

签发支票应使用碳素墨水或墨汁填写，中国人民银行另有规定的除外。签发现金支票和用于支取现金的普通支票，必须符合国家现金管理的规定。支票的出票人签发支票的金额不得超过付款时实有的存款金额，禁止签发空头支票。在签发支票前，出纳人员应查清银行存款的账面结余数额，防止签发空头支票。

支票的出票人预留银行签章是银行审核支票付款的依据。银行也可以与出票人约定使用支付密码，作为银行审核支付支票的条件。出票人不得签发与其预留银行签章不符的支票；使用支付密码的，出票人不得签发支付密码错误的支票。出票人签发空头支票、签章与预留银行签章不符的支票、使用支付密码地区支付密码错误的支票，银行应予以退票，并按票面金额处以5%但不低于1000元的罚款；持票人有权要求出票人赔偿支票金额2%的赔偿金。对屡次签发的，银行应停止其签发支票。

支票的提示付款期限自出票日起10日内（中国人民银行另有规定的除外）。超过提示付款期限付款的持票人，开户银行不予以受理。持票人可以委托开户银行收款或直接向付款人提示付款。用于支取现金的支票仅限于收款人向付款人提示付款。持票人委托开户银行收款时，应作委托收款背书，在支票背面背书人签章栏签章、记载"委托收款"字样、背书日期，在被背书人栏记载开户银行名称，并将支票和填制的进账单送交开户银行。持票人持用于转账的支票向付款人提示付款时，应在支票背面背书人签章栏签章，并将支票和填制的进账单交送出票人开户银行。收款人持用于支取现金的支票向付款人提示付款时，应在支票背面"收款人签章"处签章。存款人领购支票，必须填写"票据和结算凭证领用单"并签章，签章应与预留银行的签章相符。存款账户结清时，必须将全部剩余空白支票交回银行注销签发、收取支票的业务，通过"银行存款"科目核算。

（二）银行本票

银行本票是指银行签发的，承诺自己在见票时无条件支付确定的金额给收款人或持票人的票据。单位和个人在同一票据交换区域需要支付各种款项均可以使用银行本票。银行本票可以用于转账。注明"现金"字样的银行本票可以用于支取现金。银行本票分定额本票和不定额本票两种。定额银行本票的面额分别为1000元、5000元、10000元和50000元。银行本票见票即付提示付款期限自出票日起最长不得超过2个月。持票人超过付款期限提示付款的，代理付款人不予以受理。

申请人使用银行本票，应填写"银行本票申请书"，填明收款人名称、申请人名称、支付金额、申请日期等事项并签章。申请人和收款人均为个人需要支取现金的，应在"支付金额"栏先填写"现金"字样，后填写支付金额。申请人或收款人为单位的，银行不得为其签发现金银行本票。出票银行受理银行本票申请书，收妥款项签发银行本票。不定额银行本票用压数机压印出票金额，出票银行在银行本票上签章后交给申请人，申请人再将银行本票交付给本票上记明的收款人。

收款人受理银行本票时应审查下列事项：

收款人是否为本单位；银行本票是否在提示付款期限内；必须记载的事项是否齐全；出票人签章是否符合规定，不定额银行本票是否有压数机压印的出票金额，并与大写出票金额一致；出票金额、出票日期、收款人名称是否更改，更改的其他记载事项是否由原记载人签章证明。

收款人可以将银行本票背书转让给被背书人。在银行开立存款账户的持票人向开户银行提示付款时，应在银行本票背面"持票人向银行提示付款签章"处签章，签章须与预留银行签章相同，并将银行本票、进账单送交开户银行。银行审查无误后办理转账。持票人超过提示付款期限不获付款的，在票据权利时效内向出票银行做出说明，并提供单位证明，可持银行本票向出票银行请求付款。银行本票丧失，失票人可以凭人民法院出具的其享有票据权利的证明，向出票银行请求付款或退款。申请人申请签发银行本票的业务，通过"其他货币资金——银行本票存款"科目核算。

（三）银行汇票

银行汇票是出票银行签发的，由其在见票时按照实际结算金额无条件支付给收款人或者持票人的票据。银行汇票的出票银行是银行汇票的付款人。单位和个人的各种款项的结算均可使用银行汇票。银行汇票可用于转账，填明"现金"字样的银行汇票也可用于支取现金。企业申请使用银行汇票，应向出票银行填写"银行汇票申请书"，填明收款人名称、汇票金额、申请人名称、申请日期等事项并签章。签章应为预留银行的签章。出票银行受理银行汇票申请书，收妥款项后签发银行汇票，并用压数机压印出票金额，然后将银行汇票和解讫通知一并交给申请人。申请人应将银行汇票和解讫通知一并交付给汇票上记明的收款人。

收款人受理银行汇票时，应审查下列事项：

（1）银行汇票和解讫通知是否齐全，汇票号码和记载的内容是否一致。

（2）收款人是否确为本单位。

（3）银行汇票是否在提示付款期限内。

（4）必须记载的事项是否齐全。

（5）出票人签章是否符合规定，是否有压数机压印的出票金额，是否与大写出票金额一致。

（6）出票金额、出票日期、收款人名称是否更改，更改的其他记载事项是否由原记载人签章证明。

收款单位受理申请人交付的银行汇票并审查无误后，应在出票金额以内据实际需要的款项办理结算，并将实际结算金额和多余金额准确、清晰地填入银行汇票和解讫通知的有关栏内，未填明实际结算金额和多余金额或实际结算金额超过出票金额的，银行不予以受理。银行汇票的实际结算金额不得更改，更改实际结算金额的银行汇票无效。持票人向银行提示付款时，必须同时提交银行汇票和解讫通知，缺少任何一联银行不予以受理。持票人向开户银行提示付款时，应在汇票背面"持票人向银行提示付款签章"处签章，签章须与预留银行签章相同，并将填好的银行汇票、解讫通知进账单一并交开户银行，银行审核无误后办理结算。银行汇票的实际结算金额低于出票金额的，其多余金额由出票银行退交银行汇票申请人。

银行汇票见票即付，也可以背书转让。银行汇票背书转让以不超过出票金额的实际结算金额为准。未填写实际结算金额或实际结算金额超过出票金额的银行汇票不得背书转让。

银行汇票的提示付款期限为自出票日起1个月内。超过付款期限提示付款的，代理付款银行不予以受理。持票人超过期限向代理付款银行提示付款不获付款的，须在票据权利时效内向出票银行做出说明，并提供单位证明，持银行汇票和解讫通知向出票银行请求付款。申请人因银行汇票超过付款提示期限或其他原因要求退款的，应将银行汇票和解讫通知同时提交到出票银行。申请人为单位的，还应出具该单位的证明。出票银行对于转账银行汇票的退款，只能将款项转入原申请人账户。申请人申请签发、使用银行汇票的业务，通过"其他货币资金——银行汇票存款"科目核算。

（四）商业汇票

商业汇票是指出票人签发的，委托付款人在指定日期无条件支付确定的金额给收款人或者持票人的票据。在银行开立存款账户的法人以及其他组织之间，必须具有真实的交易关系或债权债务关系，才能使用商业汇票。出票人不得签发无对价的商业汇票用以骗取银行或者其他票据当事人的资金。商业汇票按是否带息，可分为带息商业汇票和不带息商业汇票；按承兑人的不同，可分为商业承兑汇票和银行承兑汇票。

商业汇票可在同城或异地使用。商业汇票的付款期限由交易双方商定，但最长不得超过6个月。定日付款的汇票付款期限自出票日起计算，并在汇票上记载具体的到期日。出票后定期付款的汇票付款期限自出票日起按月计算，并在汇票上记载；见票后定期付款的汇票付款期限自承兑或拒绝承兑日起按月计算，并在汇票上记载。

商业汇票的提示付款期限为自汇票到期日起10日内。持票人应在提示付款期限内，通过开户银行委托收款或直接向付款人提示付款。持票人超过提示付款期限提示付款的，持票人开户银行不予以受理。

符合条件的商业汇票的持票人可持未到期的商业汇票连同贴现凭证向银行申请贴现。贴现的期限从其贴现之日起至汇票到期日止。实付贴现金额按票面金额扣除贴现日至汇票到期前1日的利息计算。存款人领购商业汇票，必须填写"票据和结算凭证领用单"并签章，签章应与预留银行的签章相符。存款账户结清时，必须将全部剩余空白的商业汇票交回银行注销。采用商业汇票结算时，收款人通过"应收票据"科目核算，付款人通过"应付票据"科目核算。

（五）信用卡

信用卡是指商业银行向个人和单位发行的，凭以向特约单位购物、消费和向银行存取现金，且具有消费信用的特制载体卡片。信用卡按使用对象可分为单位卡和个人卡，按信用等级可分为金卡和普通卡。凡在中国境内金融机构开立基本存款账户的单位可申领单位卡。单位卡可申领若干张，持卡人资格由申领单位法定代表人或其委托的代理人书面指定。单位或个人申领信用卡，应按规定填制申请表，连同有关资料一并送交发卡银行。符合条件并按银行要求交存一定金额的备用金后，银行为申领人开立信用卡存款账户，并发给信用卡。

单位卡账户的资金一律从其基本存款账户转账存入，不得交存现金，不得将销货收入的款项存入其账户。单位卡在使用过程中，需向其账户续存资金的，一律从其基本存款账户转账存入。信用卡可用于同城或异地结算。信用卡仅限于合法持卡人本人使用，持卡人不得出租或转借信用卡，持卡人可持信用卡在特约单位购物、消费。单位卡不得用于10万元以上的商品交易、劳务供应款项的结算。单位卡一律不得支取现金。严禁将单位的款项存入个人卡账户。

信用卡可透支。信用卡的透支额：金卡最高不得超过10000元，普通卡最高不得超过5000元。最长透支期限是60天。信用卡透支利息，自签单日或银行记账日起15日内按日息万分之五计算；超过15日按日息万分之十计算；超过30日或透支金额超过规定限额的按日息万分之十五计算。透支计息不分段，按最后期限或者最高透支额的最高利率档次计息。持卡人使用信用卡不得发生恶意透支。恶意透支是指持卡人超过规定限额或规定期限，并且经发卡银行催收无效的透支行为。

持卡人不需要继续使用信用卡的，应持信用卡主动到发卡银行办理销户。销户时，单位卡账户余额转入其基本存款账户，不得提取现金。如果信用卡丢失，持卡人应立即持本人身份证件或其他有效证明，并按规定提供有关情况，向发卡银行或代办银行申请挂失。发卡银行或代办银行审核后办理挂失手续，采用信用卡办理结算业务的企业通过"其他货币资金——信用卡存款"科目核算。

（六）汇兑

汇兑是指汇款人委托银行将其款项支付给收款人的结算方式。汇兑适用于异地结算。企业各种款项的结算，均可使用汇兑结算方式。汇兑分为信汇和电汇两种，由汇款人选择使用。信汇是汇款人委托银行通过邮寄方式将款项汇给收款人，该方式费用低，但收款较慢。电汇，是汇款人委托银行通过电报将款项划给收款人，该方式收款快，但费用较高。

汇款人委托银行办理汇款业务时，应在汇款凭证上详细填列的事项有：

（1）标明"信汇"或"电汇"的字样；（2）无条件支付的委托；（3）确定的金额；（4）收款人名称；（5）汇款人名称；（6）汇入地点、汇入银行名称；（7）汇出地点、汇出行名称；（8）委托日期（委托日期是指汇款人向汇出银行提交汇兑凭证的当日）；（9）汇款人签章等。

汇兑凭证上欠缺上列记载事项之一的，银行不予以受理。

如果采用信汇方式，应填制一式四联的信汇凭证：第一联为回单，第二联为借方凭证，第三联为贷方凭证，第四联为收账通知。汇款人根据银行盖章退回的第一联编制付款凭证，收款方根据收到的收账通知编制收款凭证。

如果采用电汇方式，应填制一式三联的电汇凭证：第一联为回单，第二联为借方凭证，第三联为发电依据。汇款人根据第一联编制付款凭证，收款人根据收到的银行收账通知编制收款凭证。

（七）委托收款

委托收款是收款人委托银行向付款人收取款项的结算方式。单位和个人凭已承兑的商业汇票、债券、存单等付款人债务证明办理款项的结算，均可以使用委托收款结算方式。委托收款在同城和异地均可以使用。委托收款结算款项的划回方式，分邮寄和电报两种，由收款人选用。

签发委托收款凭证必须记载下列事项：（1）标明"委托收款"字样；（2）确定的金额；（3）付款人名称；（4）收款人名称；（5）委托收款凭据名称及附寄单证张数；（6）委托日期；（7）收款人签章。

欠缺记载上列事项之一的，银行不予以受理。

收款人办理委托收款，应向银行提交委托收款凭证和有关的债务证明。银行接到寄来的委托收款凭证及债务证明，审核无误办理付款。付款人为银行的，银行应在当日将款项主动支付给收款人；付款人为单位的，银行应及时通知付款人，按照有关办法规定，需要将有关债务证明交给付款人的，应交给付款人并签收。付款人应于接到通知的当日书面通知银行付款。付款人未在接到通知日的次日起3日内通知银行付款的，视同付款人同意付款。银行应于付款人接到通知日的次日起第4日上午开始营业时，将款项划给收款人。

银行在办理划款时，付款人存款账户不足以支付的，应通过被委托银行向收款人发出未付款项通知书。按照有关办法规定，债务证明留存付款人开户银行的，应将其债务证明连同未付款项通知书邮寄被委托银行转交收款人。付款人审查有关债务证明后，对收款人委托收款的款项需要拒绝付款的，可以办理拒绝付款。

（八）托收承付

托收承付是根据购销合同由收款人发货后，委托银行向异地付款人收取款项，由付款人向银行承认付款的结算方式。使用托收承付结算方式的收款单位和付款单位，必须是国有企业、供销合作社，以及经营管理较好并经开户银行审查同意的城乡集体所有制工业企业。办理托收承付结算的款项，必须是商品交易，以及因商品交易而产生的劳务供应的款项。代销、寄销、赊销商品款项，不得办理托收承付结算。使用托收承付结算，必须签有符合《经济合同法》的购销合同，并在合同上订明使用托收承付结算方式。

收付双方办理托收承付结算必须重合同、守信用。收款人对同一付款人发货托收累计3次收不回货款的，收款人开户银行应暂停收款人向该付款人办理托收；付款人累计3次提出无理拒付的，付款人开户银行应暂停其向外办理托收。托收承付结算每笔的金额起点为10000元，新华书店系统每笔的金额起点为1000元。

托收承付结算款项的划回方法，分邮寄和电报两种，由收款人选用。

1. 托收。收款人签发托收承付凭证必须记载下列事项：

（1）标明"托收承付"的字样；（2）确定的金额；（3）付款人名称及账号；（4）收款人名称及账号；（5）付款人开户银行名称；（6）收款人开户银行名称；（7）托收附寄单证张数或册数；（8）合同名称、号码；（9）委托日期；（10）收款人签章。

托收承付凭证上欠缺记载上列事项之一的，银行不予以受理。

收款人按照签订的购销合同发货后，委托银行办理托收。收款人办理托收，必须具有商品确已发运的证件（包括铁路、航运、公路等运输部门签发运单、运单副本和邮局包裹回执），并应将托收凭证、商品发运证件及其他符合托收承付结算的有关证明和交易单证送交银行。收款人如需取回发运证件，银行应在托收凭证上加盖"已验发运证件"戳记。收款人开户银行接到托收凭证及其附件后，应当按照托收的范围、条件和托收凭证记载的要求认真进行审查，必要时，还应查验收付款人签订的购销合同。凡不符合要求或违反购销合同发货的，不能办理。

2. 承付。付款人开户银行收到托收凭证及其附件后，应当及时通知付款人。通知的方法，可以根据具体情况与付款人签订协议，选择付款人来行自取、派人送达、邮寄等方式。付款人应在承付期内审查核对，安排资金承付货款分为验单付款和验货付款两种，由收付双方商量选用，并在合同中明确规定。验单付款是购货企业根据购销合同对银行转来的托收凭证及其附件进行审核，审核无误后即承认付款。验单付款的承付期为3天，从付款人开户银行发出承付通知的次日算起（承付期内遇法定休假日顺延）。付款人在承付期内，未向银行表示拒绝付款，银行即视作承付并在承付期满的次日（法定休假日顺延）上午开始营业时，将款项主动从付款人的账户内付出，按照收款人指定的划款方式，划给收款人。

验货付款是购货企业收到银行转来的有关托收结算的各种凭证及货物，并经货物检验合格后才承认付款。验货付款的承付期为10天，从运输部门向付款人发出提货通知的次日算起。对收付双方在合同中明确规定，并在托收凭证上注明验货付款期限的，银行从其规定。采用验货付款的，收款人必须在托收凭证上加盖明显的"验货付款"字样戳记。

3. 拒绝付款。付款人在承付期内，满足下列条件之一的，可向银行提出全部或部分拒绝付款：

（1）没有签订购销合同，或购销合同未订明托收承付结算方式的款项；（2）未经双方事先达成协议，收款人提前交货或因逾期交货付款人不再需要货物的款项；（3）未按合同规定的到货地址发货的款项；（4）"代销""寄销""赊销"商品的款项；（5）验单付款，发现所列货物的品种、规格、数量、价格与合同规定不符，或货物已到，经查验货物与合同规定或发货清单不符的款项；（6）验货付款，经查验货物与合同规定或与发货清单不符的款项；（7）货款已经支付或计算有错误的款项。

不属于上述情况的，付款人不得向银行提出拒绝付款。付款人提出拒绝付款，必须填写"拒绝付款理由书"并签章，注明拒绝付款理由。涉及合同的应引证合同上的有关条款。属于商品质量问题，需要提交商品检验部门的检验证明；属于商品数量问题，需要提交数量问题的证明及其有关数量的记录；属于外贸部门进口商品，应当提交国家商品检验或运输等部门出具的证明。开户银行必须认真审查拒绝付款理由，查验合同。对于付款人提出拒绝付款的手续不全、依据不足、理由不符合规定和不属于上述七种拒绝付款情况的，以及超过承付期拒付和应当部分拒付却为全部拒付的，银行均不得受理，应实行强制扣款。

银行同意部分或全部拒绝付款的，应在拒绝付款理由书上签注意见。部分拒绝付款，除办理部分付款外，应将拒绝付款理由书连同拒付证明和拒付商品清单邮寄收款人开户银行转交收款人；全部拒绝付款，应将拒绝付款理由书连同拒付证明和有关单证邮寄收款人开户银行转交收款人。企业采用托收承付结算方式的业务，收款方通过"应收账款"科目核算，付款方通过"应付账款""银行存款"等科目核算。

（九）信用证

信用证是开证银行依据申请人的申请开出的，凭符合信用证条款的单据支付的付款承诺。信用证起源于国际贸易结算。在国际贸易中，为了避免交易风险，进口商不愿先将货款付给出口商，出口商也不愿先将货物或单据交给进口商，这时，银行充当了进出口商之间的中间人和保证人，一边收款，一边交单，并代为融通资金，信用证结算方式由此产生。

信用证为不可撤销、不可转让的跟单信用证。信用证主要应用于国际结算。经中国人民银行批准经营结算业务的商业银行总行以及经商业银行总行批准开办信用证结算业务的分支机构，也可办理国内商品交易的信用证结算业务。信用证结算方式的主要特点包括以下三点：

（1）开证银行负第一付款责任。信用证实质上是一种银行保证付款的文件，信用证的开证行是第一付款人（主债务人），销货方通过有关银行向信用证上的开证银行交单取款，只要受益人提交的单据与信用证条款一致，开证银行应承担对受益人的第一付款责任。

（2）信用证是一项独立文件，不受购销合同的约束。信用证一经开出，在信用证业务处理过程中，各当事人的责任与权利均以信用证为准。即开证银行只对信用证负责，只凭信用证所规定的而又完全符合条款的单据付款，而不管销货方是否履行合同以及履行的程度如何。因此，信用证是一种依据购销合同开立的，但一经开出后又与购销合同相分离的独立文件。

（3）信用证业务只处理单据，一切都以单据为准。信用证业务实质上是种单据的买卖，银行是凭相符单据付款，而对货物的真假好坏、是否已装运、是否中途损失、是否到达目的地，都不负责任。如果购货方发现货物的数量、质量与单证不符，开证银行也不能以购货方提出的货物与单证不符作为拒付的理由。

因此，在信用证方式下，受益人要保证能收款，就一定要提供相符单据；开证行要拒付，也一定要以单据上的不符点为理由。采用信用证结算，出口方（收款方）收到信用证后，发运有关货物并签发有关发票及账单，连同运输单据和信用证一起送交银行，然后根据退还的信用证等有关凭证编制收款凭证；进口方（购货方）在接到开户行通知后，根据付款赎回的有关单据编制付款凭证。信用证保证金存款通过"其他货币资金——信用证保证金存款"科目核算。

三、银行存款的日常管理

企业应由出纳人员负责办理银行存款的收、付款业务；票据及各种付款凭证应指定专人保管、专人负责审批；审批和具体签发付款凭证的工作应分别由两个或两个以上的人员办理，不能由一人兼管。企业应严格按照《支付结算办法》的规定办理银行支付结算业务，不得违反规定开立和使用银行账户；不得出租出借银行账户；不得签发空头支票和远期支票；不得弄虚作假，套取银行信用。

四、银行存款的核算

（一）银行存款的总分类核算

为了总括反映企业银行存款的收入、支出和结存情况，企业应设置"银行存款"科目，用来核算企业存入银行或其他金融机构的各种存款。借方登记存入银行或其他金融机构的款项，贷方登记从银行提取或支付的款项，期末余额在借方，表示企业期末银行存款的实际结存数额。"银行存款"科目可按银行和其他金融机构的名称和存款的种类进行明细核算。

企业将款项存入银行和其他金融机构，根据银行存款送款单回单或银行收账通知及有关原始凭证，借记"银行存款"科目，贷记"库存现金"等科目；企业提取和支出银行存款时，根据支票存根或办理结算的付款通知及有关原始凭证，借记"库存现金""材料采购"等科目，贷记"银行存款"科目。收款单位销售商品收到购货方的银行本票，应填写进账单，一并送交银行办理转账，并根据银行盖章退回的进账单第一联和有关原始凭证，编制收款凭证，借记"银行存款"科目，贷记有关科目。

企业申请开立临时采购账户，申请签发银行本票、银行汇票信用证等，根据银行退回的汇款委托书回单、申请书存根联等借记有关科目，贷记"银行存款"科目。收款单位收到购货方的银行汇票，应将银行汇票、解讫通知和进账单送交银行，并根据银行退回的加盖了"转讫"章的进账单和有关的原始凭证编制收款凭证，借记"银行存款"科目，贷记有关科目。

采用商业汇票结算方式的收款单位将持有的到期商业汇票及填制的邮划或电划委

托收款凭证，一并送交银行办理收款，在收到银行的收款通知时，编制收款凭证，借记"银行存款"科目，贷记有关科目；付款单位在收到银行的付款通知时，编制付款凭证借记有关科目，贷记"银行存款"科目。

单位申请使用信用卡，应按发卡银行规定填写申请表，连同支票和进账单一并送交发卡银行，根据银行盖章退回的进账单第一联，编制付款凭证，借记有关科目，贷记"银行存款"科目。

付款单位委托银行办理信汇（或电汇）时，应填制信汇（或电汇）凭证，根据银行盖章退回的第一联信汇（或电汇）凭证（回单）编制付款凭证，借记有关科目，贷记"银行存款"科目；收款单位在收到银行的收账通知时编制收款凭证，借记"银行存款"科目，贷记有关科目。

采用委托收款结算方式的，收款人办理委托收款时，应填制一式五联的邮划或电划委托收款凭证，收款人在第二联委托收款凭证上签章后，将有关委托收款凭证和债务证明提交开户银行，在收到银行转来的收账通知时，编制收款凭证，借记"银行存款"科目，贷记有关科目；付款单位根据收到的委托收款凭证（第五联付款通知）和有关的债务证明，编制付款凭证，借记有关科目，贷记"银行存款"科目。

采用托收承付结算方式的，收款人办理托收时，应填制邮划或电划的一式五联的托收承付凭证。收款人在第二联托收承付凭证上签章后，将有关托收承付凭证及有关单证提交开户银行。在收到银行转来的收账通知时，编制收款凭证，借记"银行存款"科目，贷记"应收账款"等科目；付款单位根据收到的付款通知和有关交易单证，编制付款凭证，借记"应付账款"等科目，贷记"银行存款"科目。

"银行存款"总分类账户可以根据银行存款收款凭证、银行存款付款凭证、库存现金付款凭证直接登记，也可以根据记账凭证汇总表或科目汇总表定期汇总登记。

（二）银行存款的明细分类核算

为了详细反映银行存款的收入、付出和结存情况，企业除了设置"银行存款"科目进行总分类核算之外，还要设置"银行存款日记账"进行序时核算。银行存款日记账应采用订本式账簿，由出纳员根据记账凭证或收、付款凭证，按经济业务发生先后顺序逐日逐笔连续登记，每日终了及时结出余额，并定期与银行核对，保证账实相符；与"银行存款"总分类账核对，保证账账相符。有外币业务的企业，还应分别按人民币和外币进行明细核算。

五、银行存款的清查

为了防止银行存款账目发生差错,确保其账目正确无误,准确掌握银行存款的实际余额,企业应对银行存款进行清查。银行存款的清查包括以下几个方面。

(一)银行存款收、付款凭证与银行存款日记账核对,确保账证相符

银行存款日记账根据银行存款收、付款凭证和现金付款凭证登记,账簿记录与凭证应一致。如果在记账过程中发生漏记、重复记账、记错账时,通过核对可能发现差错,并及时更正,保证账证相符。

(二)银行存款总账与银行存款日记账核对,保证账账相符

银行存款总账登记的依据是银行存款收、付凭证和现金付款凭证,或者是由银行存款收、付凭证和现金付款凭证经过汇总形成的汇总记账凭证,因此,银行存款日记账与银行存款总账的余额应当一致。核对时如果发现两账簿余额不一致,应及时更正,保证账账相符。

(三)银行存款日记账与银行存款对账单核对,保证账实相符

企业每月至少应将银行存款日记账与银行对账单核对一次。在核对时,如果发现银行存款日记账余额与银行对账单同日余额不符,则可能存在三个方面的原因:一是银行记账错漏,二是企业记账错漏,三是未达账项。如果是第一、二种情况,应及时更正;如属于未达账项,应编制"银行存款余额调节表"进行调节。未达账项是指由于受结算手续和凭证传递时间的影响,银行和企业对同笔款项收付业务的记账时间不同,造成一方已经登记入账,另一方尚未登记入账的款项。未达账项包括四种情况:

(1)企业已经收款入账,银行尚未收款入账的款项。如企业于月末将转账支票送存银行,而银行尚未入账。

(2)企业已经付款入账,银行尚未付款入账的款项。如企业已开出转账支票付款,而银行尚未办理转账付款。

(3)银行已经收款入账,企业尚未收款入账的款项。如企业委托银行收取货款,银行已经收妥入账,而企业尚未收到银行的收账通知。

(4)银行已经付款入账,企业尚未付款入账的款项。如银行代企业支付水电费,银行已经付款入账,企业尚未收到银行的付款通知。

银行存款余额调节表的编制方法:根据双方的余额,各自加上对方已收、本方未收账项,减去对方已付、本方未付账项,计算调节双方应有余额。

第三节　存货核算

一、存货的定义及确认

（一）存货的定义

存货是指企业在日常活动中持有以备出售的产成品或商品、处在生产过程中的在产品、在生产过程或提供劳务过程中耗用的材料和物料等。存货属于企业的流动资产。具体来讲，存货包括各类原材料、委托加工物资、在产品、半成品、产成品、商品、包装物、低值易耗品等内容。

在不同行业的企业中，存货的内容有所不同。在工业企业中，存货主要包括各种原材料、包装物、低值易耗品、在产品、半成品和产品等；在商品流通企业中，存货主要包括各种商品。根据存货的定义，存货的范围主要包括三个方面：

（1）在日常活动中持有以备出售的存货，是指企业在日常生产经营过程中处于待销状态的各种物品，如工业企业的产成品、商品流通企业的库存商品等。

（2）处在生产过程中的存货，是指目前正处在生产加工过程中的各种物品，如委托加工物资、工业企业的在产品和自制半成品等。

（3）在生产过程或提供劳务过程中耗用的存货，是指企业为产品生产或提供劳务耗用而储存的各种物品，如工业企业为生产产品而储存的原材料、燃料、包装物、低值易耗品等。

（二）存货的确认

存货同时满足以下两个条件，才能加以确认。

1. 该存货包含的经济利益很可能流入企业。资产是指过去的交易、事项形成并由企业拥有或者控制的资源，该资源预期会给企业带来经济利益。资产最重要的特征之一是预期会给企业带来经济利益，即可望给企业带来未来经济利益。流入的经济资源，预期不能给企业带来经济利益的，就不能确认为企业的资产。存货是企业的一项重要的流动资产，因此，对存货的确认，关键是要判断是否很可能给企业带来经济利益或所包含的经济利益是否很可能流入企业。

存货包含的经济利益能否流入企业，很重要的一点是判断其是否拥有存货的所有权。因此，实务中，企业对存货是否具有法定所有权是确定其存货范围的重要依据。对法定所有权属于企业的物品，不论其存储地点，都应确认为企业的存货，即所有在库、在耗、在用、在途的存货均应确认为企业的存货；反之，法定所有权不属于企业的物品，即使存放于企业，也不应确认为企业的存货。如依照销售合同已经售出，其所有权已经转让的物品，不论其是否已离开企业，均不应该包括在企业的存货中；反之，若物品的所有权尚未转让给对方，即使物品已离开企业，仍属于企业的存货，如委托其他单位或个人代销、零售、代存及外出参展的商品或产品，以及租出、借出的包装物，只要其所有权仍属于企业，都应列入企业的存货之中。

2. 该存货的成本能够可靠地计量。成本能够可靠地计量是资产确认的一项基本条件。存货作为企业资产的组成部分，要予以确认必须能够对其成本进行可靠的计量。存货的成本能够可靠地计量必须以取得确凿、可靠的证据为依据，并且具有可验证性。如果存货成本不能可靠地计量，则不能确认为存货。

关于存货的确认，有几点需要说明。

（1）关于代销商品。代销商品（也称为托销商品）是指一方委托另一方代其销售商品。从商品所有权的转移来分析，代销商品在售出以前，所有权属于委托方，受托方只是代对方销售商品。因此，代销商品应作为委托方的存货处理。但为了使受托方加强对代销商品的核算和管理，企业会计制度也要求受托方将其受托代销商品纳入账内核算。

（2）关于在途商品。对于销售方按销售合同、协议规定已确认销售（如已收到货款等），而尚未发运给购货方的商品，应作为购货方的存货而不应再作为销货方的存货；对于购货方已收到商品但尚未收到销货方结算发票等的商品，购货方应作为其存货处理；对于购货方已经确认为购进（如已付款等）而尚未到达入库的在途商品，购货方应将其作为存货处理。

（3）关于购货约定。对于约定未来购入的商品，由于企业并没有实际的购货行为发生，因此不作为企业的存货，也不确认有关的负债和费用。企业按照购货合同预付部分货款或预付购货定金，也不应包括在企业的存货内。

（4）关于工程物资。企业为建造固定资产等各项工程而储备的各种材料，虽然也具有存货的某些特征（如流动性），但它们并不符合存货的定义，因此不能作为企业的存货进行核算，而应作为工程物资处理。

（5）关于特种储备物资。企业的特种储备以及按国家指令专项储备的资产不符合存货的定义，因而也不属于企业的存货，而应作为企业特种储备物资处理。

二、存货的分类

存货的种类繁多，它们在企业生产经营过程中的用途各异，所起的作用也不尽相同。为了正确组织存货的核算，加强存货的管理，应对存货进行科学分类。根据不同的目的，可采用不同的标准对存货进行分类。

（一）存货按经济内容分类

按经济内容，存货可分为原材料、在产品、半成品、产成品、包装物、低值易耗品、商品等。

1. 原材料。是指企业在生产过程中经加工改变其形态或性质，并构成产品主要实体的各种原料及主要材料、辅助材料、外购半成品（外购件）、修理用备件（备品备件）、包装材料、燃料等。

2. 在产品。是指企业正在制造尚未完工的生产物，包括正在各个生产工序加工的产品和已加工完毕但尚未检验或已检验但尚未办理入库手续的产品。

3. 半成品。半成品是指已经过一定生产过程，并已检验合格，但尚未制造成为产成品的中间产品。在制造业中，半成品是生产过程中的一个重要阶段，它标志着原材料或零部件已经经过了一定的加工或装配，但还未达到最终产品的状态。

4. 产成品。是指工业企业已经完成全部生产过程并验收入库，可以按照合同规定的条件送交订货单位，或者可以作为商品，对外销售的产品。企业接受外来原材料加工制造的代制品和为外单位加工修理的代修品，制造和修理完成验收入库后，应视同企业的产成品。

5. 包装物。是指为了包装本企业产品而储备的各种包装容器，如桶、箱、瓶、坛、袋等。其主要作用是盛装、装潢产品或商品。应注意的是各种包装材料，如纸、绳、铁丝、铁皮等应作为原材料进行核算。

6. 低值易耗品。是指不能作为固定资产的各种用具物品，如工具、管理用具、玻璃器皿、劳动保护用品以及在经营过程中周转使用的容器等。其特点是单位价值较低，使用期限相对于固定资产较短，在使用过程中基本保持其原有实物形态不变。

7. 商品。是指商品流通企业的商品，包括外购或委托加工完成验收入库用于销售的各种商品。

（二）存货按存放地点分类

按存放地点，存货可分为库存存货，在途存货，加工中存货，委托代销存货，出租、出借的存货等。

1. 库存存货。是指法定所有权属于企业且存放在本企业仓库的全部存货。

2. 在途存货。是指已支付货款取得其所有权，但物品尚未运达，处于运输途中的外购存货，以及在销售产品过程中，企业按合同规定已经发运，但其所有权尚未转移，销售收入尚未实现的发出存货。

3. 加工中存货。是指企业自行生产加工中以及委托其他单位加工中的各种存货。委托其他单位加工中的各种存货即委托加工物资，经过加工，其实物形态、性能发生变化，使用价值也随之发生变化，且在其加工过程中要消耗原材料，还要发生各种费用支出等，从而使价值相应增加。委托加工物资在工业企业称为委托加工材料，在商品流通企业称为委托加工商品。

4. 委托代销存货。是指存放在其他单位，并委托其代为销售的存货。

5. 出租、出借的存货。是指企业在销售过程中出租或出借给购买单位的包装容器，或企业附带经营某些租赁业务而出租的存货。

三、存货的计量

（一）存货的初始计量

企业会计准则规定，存货应当按照成本进行初始计量。存货成本包括采购成本、加工成本和其他成本。

1. 存货的采购成本。存货的采购成本一般包括购买价款、相关税费、运输费、装卸费、保险费以及其他可直接归属于存货采购成本的费用。对于采购过程中发生的物资毁损短缺等，合理损耗部分应作为存货采购费用计入存货的采购成本，其他损耗部分不得计入存货成本。购入的存货需要经过挑选整理才能使用的，在挑选整理过程中发生的工资、费用支出以及物资损耗的价值也应计入存货的成本。

2. 存货的加工成本。存货的加工成本包括直接人工以及按照一定方法分配的制造费用。直接人工是指直接从事生产产品和提供劳务的生产工人工资及福利费。制造费用是指企业为生产产品和提供劳务而发生的各项间接费用。企业应当根据制造费用的性质，合理地选择制造费用分配方法。在同一生产过程中，同时生产两种或两种以上的产品，并且每种产品的加工成本不能直接区分的，其加工成本应当按照合理的方法在各种产品之间进行分配。

3. 存货的其他成本。存货的其他成本是指除采购成本、加工成本以外的，使存货达到目前场所和状态所发生的其他支出，如为特定客户设计产品所发生的设计费用等。

应注意的是企业发生的下列费用不应当包括在存货成本中,而应当在发生时确认为当期费用。

(1)非正常消耗的直接材料、直接人工和制造费用。(2)仓储费用,不包括在生产过程中为达到下一个生产阶段所必需的仓储费用。对于为达到下一生产阶段所必需的仓储费用,可以将其计入存货成本,如酿酒行业灌装的酒必须经过一定的窖藏才能上市销售的,此时发生的仓储费用可以计入酒的成本。(3)不能归属于使存货达到目前场所和状态的其他支出。

对于需要通过相当长时间的生产活动才能够达到可销售状态的存货,如造船厂的船舶等,其专门借款所发生的符合《企业会计准则第17号——借款费用》规定的资本化条件的借款费用,可以计入该存货成本中。企业取得的各项存货,应根据实际情况,正确核算其取得时所发生的采购成本、加工成本和其他成本,确认为该存货的初始成本。但下列几种方式取得的存货成本按以下方法计量:

(1)投资者投入的存货,按照投资合同或协议约定的价值确定,但合同或协议约定的价值不公允除外,此时,应以公允价值作为该项存货的成本,将合同或协议约定的价值与公允价值的差额计入资本公积。

(2)企业通过自行栽培、营造、繁殖或养殖而收获的农产品,按以下规定确定成本:①自行栽培的大田作物和蔬菜的成本,包括在收获前耗用种子、肥料、农药等材料费、人工费用和应分摊的间接费用等必要支出;②自行营造的林木类的成本,包括郁闭前发生的造林费、抚育费、营林设施费、良种试验费、调查设计费和应分摊的间接费用等必要支出;③自行繁殖的育肥畜的成本,包括出售前发生的饲料费、人工费和应分摊的间接费用等必要支出;④水产养殖的动物和植物的成本,包括在出售或入库前耗用的苗种饲料、肥料等材料费、人工费和应分摊的间接费用等必要支出。

(3)非货币性资产交换交易取得的存货,按以下规定确定成本。

①当该项交换具有商业实质,且换入或换出资产的公允价值能够可靠地计量时,应当以公允价值加上应支付的相关税费作为换入资产的成本。当换入资产和换出资产公允价值均能够可靠计量时,则以换出资产的公允价值加上应支付的相关税费作为换入资产的成本,但当有确凿的证据表明换入资产的公允价值更加可靠时,则以换入资产的公允价值加上应支付的相关税费作为换入资产的成本。公允价值与换出资产账面价值的差额计入当期损益。

在交换中涉及补价的,应当分别按下列情况处理:支付补价的,应当以换出资产的公允价值加上支付的补价和应支付的相关税费作为换入资产的成本,换入资产成本与换出资产账面价值加支付的补价、应支付的相关税费之和的差额,应计入当期损益;

收到补价的,应当以换出资产的公允价值减去补价加上应支付的相关税费,作为换入资产的成本,换入资产成本加收到的补价之和与换出资产账面价值加应支付的相关税费之和的差额,应计入当期损益。

②当该项交换不具有商业实质,或者换入或换出资产的公允价值不能可靠计量时,应当以换出资产的账面价值,加上应支付的相关税费作为换入资产的成本,不确认损益。

(4)债务重组企业接受的债务人以非现金资产抵偿债务方式取得的存货,应按其公允价值入账,重组债权的账面价值与取得存货公允价值之间的差额,计入当期损益(营业外支出)。债权人已对债权计提减值准备的,应当先将该差额冲减减值准备,减值准备不足以冲减的部分,计入当期损益。

(二)存货领用、发出的计量

1. 领用、发出数量的计量。企业的存货,总是处于不断周转过程中的,既有存货的收入,又有存货的发出。期初存货与本期收入存货之和是一个确定的数额,与本期发出存货和期末存货成本之和相等。如果先确定本期发出存货,则期末存货为期初存货加上本期收入存货减去本期发出存货。如果先确定期末存货,则本期发出存货为期初存货加上本期收入存货减去期末存货。即:

$$期初存货+本期收入存货-本期发出存货=期末存货$$
$$期初存货+本期收入存货-期末存货=本期发出存货$$

由此,形成了永续盘存制和实地盘存制两种存货盘存制度。

(1)永续盘存制。永续盘存制又称账面盘存制,是指对财产物资的收入和发出,都应根据各种原始凭证,在有关账簿中逐笔进行登记,并随时在账上结出结存数的一种方法。计算公式为:

$$期末结存 = 期初结存 + 本期收入 - 本期发出$$

采用永续盘存制财产物资的明细核算工作量较大,但财产物资的明细账可随时动态反映其增减变化情况,便于对财产物资进行监控和管理,加快资金周转。另外,财产物资的账存数可以对其实存数起到监督和控制的作用。通过实地盘点可以发现账实差异,更有利于财产物资的安全完整。

因此,各单位的财产物资一般应采用永续盘存制。在永续盘存制下,为了保证账实相符,需定期对财产物资进行清查,清查的目的是检查账实是否相符,若账实不符,则应根据实存数调整账存数,以保证账实相符。此外,要进一步查明账实不符的原因,并采取相应措施,以保证财产物资的安全完整。

（2）实地盘存制。实地盘存制是指平时根据会计凭证在账簿中只登记财产物资的增加数，不登记减少数，月末根据实地盘点来确定财产物资的实际结存数量，作为期末账面结存数记入账簿，倒轧出本期减少数的一种方法。计算公式为：

$$本期减少数=期初结存数+本期增加数-本期结存数$$

采用实地盘存制，财产物资的明细账平时只登记购进成本，对减少及结存不做记录，明细核算工作较简单。但财产物资的明细账不能随时反映财产物资的增减变化情况，不利于及时提供核算资料，不能随时结转成本。另外，由于根据实际结存来倒轧本期发出成本，凡未包含在期末实际结存中的减少都被视为销售或耗用，从而掩盖了盗窃、浪费等非正常损耗，削弱了账簿记录对实物的控制作用，不利于财产物资的安全有效管理。因此，实地盘存制一般只适用于单位价值较低、自然损耗大、数量不稳定、进出频繁的财产物资，特别是对易腐烂变质的鲜活商品等可以采用。企业可根据存货类别和管理要求选用存货盘存制度，也可以对一些存货实行永续盘存制，而对另一些存货实行实地盘存制。但不论采用何种办法，前后各期应保持一致。

2. 领用、发出成本的计量。由于各种存货是分次购入或分批生产形成的，同一存货往往存在多个不同的成本，要确定领用、发出存货的成本，就需采用一定的发出存货计价方法。根据企业会计准则的规定，企业可以采用的发出存货计价方法包括先进先出法、加权平均法、个别计价法。对于性质和用途相似的存货，应当采用相同的成本计算方法计算发出存货的成本。

（1）先进先出法。先进先出法是依照"先入库的存货先发出"的假定确定成本流转顺序，并据以对发出存货进行计价的方法。采用先进先出法，在收入存货时，按照收入存货的先后顺序，逐笔登记每批存货的数量、单价和金额，并逐笔按存货入库顺序登记结存的各批存货的数量、单价、金额；发出存货时按照先进先出的原则计价，依次确定发出存货的实际成本，逐笔登记发出存货的金额并逐笔按存货入库顺序登记结存的各批存货的数量、单价、金额。

先进先出法中期末存货成本是按最近购货确定的，比较接近现行的市场价值，能较准确地反映存货资金的占用情况，而且能随时结转发出存货的实际成本。但存货明细核算比较烦琐，工作量较大，明细账记录较复杂；在物价持续上涨时，会高估期末存货价值，低估发出存货成本，从而高估企业当期利润，不符合稳健性原则；反之，会低估期末存货价值、高估发出存货成本，从而低估企业当期利润。

（2）移动加权平均法。移动加权平均法是指每次收入存货时，即将当时结存存货成本和本次收入存货成本，以当时结存存货数量和本次收入存货数量之和作为权数，计算出新的加权平均单位成本，并对发出存货进行计价的一种方法。其计算公式为：

$$移动加权平均单位成本=\frac{本次存货入库前结存存货成本+本次收入存货成本}{本次存货入库前结存存货数量+本期收入存货数量}$$

采用移动平均法，在收入存货时，要逐笔登记每批收入存货的数量、单价、金额，并计算移动加权平均单位成本，登记结存存货的数量、单价（移动加权平均单位成本）金额；发出存货时，按移动加权平均单位成本计算发出存货成本，登记发出存货数量、单价、金额，并登记结存存货的数量、单价、金额。

移动加权平均法可以将不同批次、不同单价的存货成本差异均衡化，有利于存货成本的客观计算，能随时结出发出存货、结存存货的成本，便于对存货的日常管理。但每次收入存货后都要计算加权平均单位成本，工作量较大，对收发存货较频繁的企业不适用。

（3）全月一次加权平均法。全月一次加权平均法是指将期初结存存货成本和本期收入存货成本，以期初存货数量和本期收入存货数量之和作为权数，于月末一次计算存货单位加权平均成本，并据以确定本期发出存货成本与期末存货成本的一种计价方法。其计算公式为：

$$加权平均单位成本=\frac{期初结存存货成本+本期收入存货成本}{期初存货数量+本期收入存货数量}$$

本期发出存货成本=本期发出存货数量加权平均单位成本

期末结存存货成本＝期初结存存货成本＋本期收入存货成本-本期发出存货成本

采用加权平均法，收入存货时，逐笔登记每一批存货的数量、单价、金额，并结记结存存货的数量；发出存货时，只登记发出存货数量，并结记结存存货的数量；月末根据计算出的加权平均单位成本确定、登记本月发出存货成本和期末结存存货成本。

采用加权平均法，只在月末一次计算加权平均单价，比较简单，且在物价波动时，对存货成本的分摊较为折中。但由于要到月末计算出存货的加权平均单位成本后，才能确定发出存货成本与期末存货成本，所以平时无法从账上提供发出和结存存货的单价和金额，不利于对存货的日常管理。

（4）个别计价法。个别计价法也称"个别认定法""具体辨认法""分批实际法"，是假设存货的实物流转与成本流转相一致，逐一辨认各批发出存货和期末存货所属的购进批别或生产批别，分别按其购入或生产时所确定的单位成本作为计算各批发出存货和期末存货成本的方法。

采用个别计价法，在存货明细分类账中，逐笔登记每一批次入库存货的数量、单价、金额，按实际辨认的发出存货批次的成本逐笔分批次登记发出存货的数量、单价、金额，随时结记并按存货批次成本登记结存的各批存货的数量、单价、金额。

采用个别计价法，反映发出存货的实际成本最为准确，且可以随时结转发出存货的成本。但这种方法需要对发出和结存的存货批次进行具体认定,以辨别其所属的收入批次,工作量比较大,应用成本高。在一些材料种类多、存货量大、收发较频繁的企业,很难应用。对于不能替代使用的存货、为特定项目专门购入或制造的存货,以及提供劳务的成本,应采用个别计价法。

(三)期末存货的计价

存货在取得时是按照成本入账,由于市场价格的变动、市场供需情况的变化等原因,存货的价值可能发生变动。为了客观地反映企业期末存货的实际价值,企业在会计期末编制资产负债表时,要确定期末存货的价值。

1. 成本与可变现净值孰低法的含义。成本与可变现净值孰低法,是指对期末存货按照成本与可变现净值两者中较低者计价的方法。即当成本低于可变现净值时,存货按成本计价;当可变现净值低于成本时,存货按可变现净值计价。

成本是指存货的历史成本。即按以历史成本为基础的存货计价方法计算得出的期末存货价值。若企业在存货成本的核算中采用的是简化核算办法,成本为经调整后的实际成本。

可变现净值是指企业在日常活动中,存货的估计售价减去至完工时估计将要发生的成本、估计的销售费用以及相关税费后的金额。

2. 成本与可变现净值孰低法的运用。企业会计准则规定,资产负债表日存货应当按照成本与可变现净值孰低计量。存货成本高于可变现净值的,应当计提存货跌价准备,计入当期损益。企业通常应当按照单个存货项目计提存货跌价准备。对于数量繁多、单价较低的存货,可以按照存货类别计提。存货跌价准备是指与在同一地区生产和销售的产品系列相关、具有相同或类似最终用途和目的,且难以与其他项目分开计量的存货,可以合并计提存货跌价准备。

第三章　资产与负债

资产和负债是会计工作的最主要内容要素之一，本章将就资产与负债问题进行讨论，主要研究固定资产和无形资产以及流动负债和非流动负债。

第一节　固定资产

一、固定资产的定义

固定资产是指企业为生产商品、提供劳务、出租或经营管理而持有的，使用寿命超过一个会计年度的，并在使用过程中保持其原有实物形态的劳动资料。固定资产具有以下特征：

1. 使用年限较长，通常超过一年（或一个会计年度），并且在使用过程中保持其原来的物质形态不变。该特征表明，企业获得该项资产的支出属于资本性支出而不是收益性支出。

2. 使用寿命有限。所谓使用寿命，是指企业使用固定资产的预计期间，或者该固定资产所能生产产品或提供劳务的数量。该特征表明，固定资产的价值在使用过程中由于损耗而将逐渐减少，这部分减少的价值，企业通过计提折旧的方式，分期转移到产品成本或费用中去，并在产品的销售收入中得到补偿。

3. 用于生产、经营管理活动，而不是为了出售。根据这一特征，可区别固定资产与商品等流动资产。固定资产必须满足下列条件，才能予以确认。

（1）与该固定资产有关的经济利益很可能流入企业。在实务中，根据与该固定资产所有权相关的风险和报酬是否转移作为判断标准。通常，取得了固定资产的所有权，可认为与该固定资产相关的风险和报酬已经转移，此时可将其列为企业固定资产。

另外，如果企业能够控制与该项固定资产有关的经济利益流入企业，也可认为与该项固定资产所有权相关的风险和报酬实质上已转移到了企业，此时，根据实质重于形式的原则，也应将该固定资产予以确认。

（2）该固定资产的成本能够可靠地计量。取得固定资产所发生的支出必须能够可靠地计量，或者根据所获得的资料可以对该固定资产成本进行合理的估计。如果构成固定资产的各组成部分具有不同的使用寿命或者以不同的方式为企业提供经济利益，适用不同折旧率或折旧方法的，应当分别将各组成部分确认为单项固定资产。

在实务中，企业使用期限超过一年的房屋、建筑物、机器、机械、运输工具以及其他与生产、经营有关的设备、器具、工具等，符合固定资产确认标准的，均应列为固定资产。不属于生产经营主要设备的物品，使用年限超过一年，且符合固定资产确认标准的，一般也应作为固定资产管理和核算，如企业的职工宿舍等。企业不符合上述条件、未作为固定资产管理的劳动资料，一般应当作为低值易耗品核算和管理。备品备件和维修设备通常确认为存货，但符合固定资产定义和确认条件的，如企业（民用航空运输）的高价周转件等，应当确认为固定资产。

由于企业的经营范围、经营内容、经营规模等各不相同，因此企业应根据固定资产的定义、确认标准，结合本企业的具体情况，制定适合于本企业的固定资产目录、分类方法以及每类或每项固定资产的折旧年限、折旧方法等，作为固定资产核算的依据，并将其编制成册，按照管理权限，经股东大会或董事会，或经理（厂长）会议或类似机构批准，按照法律、行政法规的规定报送有关各方备案，同时置于企业所在地，以供投资者等有关各方查阅。企业已经确定并对外报送，或置于企业所在地的有关固定资产目录、分类方法、折旧方法等，一经确定不得随意变更，如需变更，仍然应当按照上述程序，经批准后报送有关各方备案，并在会计报表附注中予以说明。

二、固定资产的分类

根据不同的分类标准，固定资产可分为不同的类别。

（一）按固定资产的经济用途分类

按固定资产的经济用途，可分为生产用固定资产和非生产用固定资产。

1. 生产经营用固定资产，是指直接服务于企业生产经营过程的固定资产。如生产经营用的房屋建筑物、机器、设备等。

2. 非生产经营用固定资产，是指不直接服务于企业生产经营过程的固定资产。如企业的职工宿舍、幼儿园等使用的房屋、设备和其他固定资产等。

按经营用途分类，有利于反映和监督企业各类固定资产的组成变化情况，便于考核和分析企业固定资产管理和利用情况，从而更合理地进行固定资产的配置，充分发挥其效用。

（二）按固定资产的使用情况分类

按固定资产的使用情况，可分为使用中的固定资产、未使用的固定资产和不需用的固定资产三大类。

1. 使用中的固定资产。是指正在使用的经营性和非经营性固定资产，包括由于季节性经营或修理等原因暂时停止使用的固定资产、企业以经营租赁方式出租给其他单位使用的固定资产以及企业内部替换使用的固定资产。

2. 未使用的固定资产。是指已经完工或已经购建的尚未交付使用的固定资产，以及因改建、扩建等原因停止使用的固定资产，如企业购进尚待安装的固定资产等。

3. 不需用的固定资产。是指企业多余的或不适用的需要调配处理的固定资产。

按固定资产的使用情况分类，有利于企业掌握固定资产的使用情况及其比例关系，以便于比较分析固定资产的利用效率，挖掘固定资产的使用潜力，促进固定资产的合理使用，也便于企业准确合理地计提固定资产折旧。

（三）按固定资产的所有权分类

按固定资产的所有权，可分为自有固定资产和租入固定资产两大类。

1. 自有固定资产。是指企业拥有的、可供企业自由支配使用的固定资产。

2. 租入的固定资产。是指企业采用融资租赁方式从其他单位租入的固定资产。企业对融资租入的固定资产按照合同规定拥有使用权，同时负有支付租金的义务，资产的所有权属于出租单位。

按固定资产的所有权分类，有利于分析、考核企业固定资产的实有数额及其利用情况，以及自有和租入固定资产的经济效益。

（四）按固定资产的经济用途和使用情况综合分类

按照这一分类方法，可将固定资产分为七大类。

1. 生产经营用固定资产。
2. 非生产经营用固定资产。
3. 租出固定资产。是指在经营租赁方式下出租给外单位使用的固定资产。
4. 不需用固定资产。
5. 未使用固定资产。

6. 土地。是指过去已经估价单独入账的土地。因征地而支付的补偿费应计入与土地有关的房屋建筑物的价值内，不单独作为土地价值入账。另外，企业取得的土地使用权应作为无形资产管理，不列入固定资产。

7. 融资租入固定资产。是指企业以融资租赁方式租入的固定资产，在租赁期内，视同自有固定资产管理。由于企业的经营性质、经营规模不同，企业可以根据自己的实际情况和经营管理、核算的需要对固定资产进行必要的分类。

三、固定资产的计价

（一）固定资产的计价标准

一般情况下，固定资产应按历史成本计价。因盘盈等而增加的固定资产，难以确认其历史成本，可采用重置成本来计价。此外，由于固定资产的价值较大，其价值会随着服务能力的下降而逐渐减少，因此还需要揭示其折余价值。固定资产主要有以下4种计价标准。

1. 原始价值。也称为原始购置成本、原值、历史成本等，是指企业购置某项固定资产达到可使用状态前所发生的一切合理的、必要的支出。企业新购建的固定资产的计价、确定计提折旧的依据等，均采用这种计价标准。

采用历史成本计价方法的优点在于其客观性和可检验性。客观性是指采用这种方法所确定的固定资产的价值均是实际发生的支出，可检验性是指该项支出有可检验的支付凭证。在我国会计实务中，固定资产计价均采用历史成本。

2. 重置价值。或称为重置完全价值、现时重置成本、重置成本，是指在现有的生产技术条件下重新购置相同或相似的固定资产所需要的全部支出。对于企业取得的无法确定其价值的固定资产，例如清查中盘盈的固定资产，可按重置价值计价，或在对外报表进行补充附注说明时使用。采用重置价值计价的优点在于该方法可以反映固定资产的实际经济价值。

3. 净值。亦称为折余价值，是指固定资产原始价值或重置价值减去已提折旧后的净额。该计价方法主要用于计算盘盈、盘亏、毁损、固定资产的溢余或损失。采用净值计价方法，一方面可以反映企业实际占用在固定资产上的资金数额；另一方面还可以通过原始价值与净值的对比，反映企业固定资产的新旧程度。

4. 现值。是指固定资产在使用期间以及处置时产生的未来现金流量的折现值。如果购买的固定资产的价款超过正常信用条件延期支付时，可按购买价款的现值确定其成本。

（二）固定资产的初始计量

固定资产应当按照成本进行初始计量。固定资产的成本包括企业为购建某项固定资产达到使用状态前所发生的一切合理的、必要的支出。固定资产取得方式不同，其成本的具体内容也有所不同。

1. 外购固定资产。外购的固定资产成本，包括实际支付购买价款、相关税费、使固定资产达到预定可使用状态前所发生的可归属于该项资产的运输费装卸费、安装费和专业人员服务费等。以一笔款项购入多项没有单独标价的固定资产，应按各项固定资产公允价值比例对总成本进行分配，分别确定各项固定资产的成本。涉及超过正常信用条件延期支付价款的固定资产，应以其购买价款的现值为基础确定其成本。

2. 自行建造的固定资产。自建的固定资产，按照建造该项资产达到预定可使用状态前所发生的必要支出作为入账价值。

3. 投资者投入的固定资产。接受投资取得的固定资产，应按投资合同或协议约定的价值作为入账成本，但合同或协议约定价值不公允的除外。

4. 融资租入的固定资产。按租赁开始日租赁资产公允价值与最低租赁付款额的现值两者中较低者作为入账价值。

5. 债务重组取得的固定资产。按取得的固定资产公允价值入账。

6. 非货币性资产交换的固定资产。其中：

（1）如果非货币性资产交换具有商业实质，且换入或换出资产的公允价值能够可靠地计量，则应按换出资产的公允价值和应支付的相关税费加上支付的补价（或减去收到的补价）作为取得的固定资产初始投资成本。

（2）如果非货币性资产交换不具有商业实质，且其换入或换出资产的公允价值不能够可靠地计量，则应按换出资产的账面价值和应支付的相关税费加上支付的补价（或减去收到的补价），作为取得的固定资产初始投资成本。

7. 接受捐赠的固定资产。其中：

（1）按捐赠者提供的有关凭据的金额，加上应支付的相关税费入账。

（2）如果捐赠者未提供有关凭据，则按以下顺序确定入账：

①同类或类似固定资产存在活跃市场的，参照同类或类似固定资产的市场价格估计的金额加上应支付的相关税费入账。

②同类或类似固定资产不存在活跃市场，应按其预计未来现金流量的现值计价入账。

另外，对于特殊行业的特定固定资产，例如石油天然气企业的油气水井等，确定其初始入账成本时应考虑弃置费用因素，将弃置费用的现值计入相关固定资产的成本。

四、固定资产的取得

（一）购置的固定资产

企业外购的固定资产，可分为不需要安装和需要安装两类。

1. 购入不需要安装的固定资产。按应计入固定资产成本的金额，借记"固定资产"科目，贷记"银行存款""应付账款"等科目。

2. 购入需要安装的固定资产。应先记入"在建工程"科目，达到预定可使用状态时，再转入"固定资产"科目。

购入固定资产超过正常信用条件延期支付价款、实质上具有融资性质的，按应付购买价款的现值，借记"固定资产"或"在建工程"科目，按应支付的金额，贷记"长期应付款"科目，按其差额，借记"未确认融资费用"科目。

（二）自行建造的固定资产

自行建造的固定资产，是指企业利用自有的人力、物力条件自营建造或出包给他人建造的房屋、建筑物及各种机器设备等。自行建造固定资产可采用自营工程和出包工程两种方式。

自营建造固定资产，其成本为从筹建施工到最终完工期间的全部支出，包括在建造过程中所发生的直接材料、直接人工、其他与自营建造相关的支出以及在固定资产达到使用状态前发生的长期负债利息等。

出包建造的固定资产，其成本为实际支付的全部工程价款以及应负担的长期负债的利息等。设备安装工程，按照所安装设备的价值、工程安装费用、工程试运转等所发生的支出等确定工程成本。

为了核算自行建造的固定资产，应设置"在建工程"科目。该科目核算企业基建、更新改造等在建工程发生的支出，可按"建筑工程""安装工程""在安装设备""待摊支出"以及单项工程等进行明细分类核算，期末借方余额反映企业尚未达到预定可使用状态的在建工程的成本。

1. 自营工程。自营工程的核算还应设置"工程物资"科目，用于核算企业为在建工程准备的各种物资的成本，包括工程用材料、尚未安装的设备等。企业购入工程所需的材料物资时，借记"工程物资"科目，贷记"银行存款"等科目。自营工程领用工程物资、原材料或库存商品时，借记"在建工程——××工程"科目，贷记"工程物资""原材料""库存商品"等科目；而采用计划成本核算的，还应分摊成本差异；涉及增值税的，还应进行相应的处理。辅助生产部门为工程提供的水、电、设备安装、修理、运输等劳务，借记"在建工程——××工程"科目，贷记"生产成本——辅助生产成本"科目。在建工程发生的借款费用满足借款费用资本化条件的，借记"在建工程——××工程"科目，贷记"长期借款""应付利息"科目。自营工程发生的其他费用按实际发生额，借记"在建工程——××工程"科目，贷记"银行存款""应付职工薪酬"等科目。

企业的在建工程在达到预定可使用状态前，因进行负荷联合试车发生的费用，借记"在建工程——待摊支出"科目，贷记"银行存款""原材料"等科目；试车形成的产品或副产品对外销售或转为库存商品的，借记"银行存款""库存商品"等科目，贷记"在建工程——待摊支出"科目。在建工程达到预定可使用状态时，应计算分配待摊支出，借记"在建工程——××工程"科目，贷记"在建工程——待摊支出"科目。自营工程完工交付使用时，按实际发生的全部支出，借记"固定资产"科目，贷记"在建工程——××工程"科目。在建工程完工已领出的剩余物资办理退库手续时，借记"工程物资""原材料"等科目，贷记"在建工程——××工程"科目。

2. 出包工程。企业采用出包方式自行建造固定资产，其工程的具体支出在承包单位核算。在这种方式下，"在建工程"科目实际用于企业与承包单位之间的结算，核算企业与承包单位结算的工程成本。当企业按合同要求预付工程款时，借记"在建工程——××工程"科目，贷记"银行存款""预付账款"等科目；工程完工时，按合同规定补付的工程款，借记"在建工程——××工程"科目，贷记"银行存款"科目；工程完工交付使用时，按实际发生的全部支出，借记"固定资产"科目，贷记"在建工程——××工程"科目。将设备交付建造承包商建造安装时，借记"在建工程——在安装设备"科目，贷记"工程物资"科目。

（三）投资者投入的固定资产

投资者投入的固定资产，按投资合同或协议约定的价值，借记"固定资产"科目，贷记"股本"或"实收资本"科目。

（四）租入的固定资产

租赁按其目的分为融资租赁和经营租赁。

1. 融资租赁。是指实质上转移与资产所有权有关的全部风险和报酬的租赁。符合下列一项或数项标准的，应当认定为融资租赁：

（1）在租赁期届满时，租赁资产的所有权转移给承租人。

（2）承租人有购买租赁资产的选择权，所订立的购买价款预计将远低于行使选择权时租赁资产的公允价值，因而在租赁开始日就可以合理确定承租人将会行使这种选择权。

（3）即使资产的所有权不转移，但租赁期占租赁资产使用寿命的大部分。

（4）承租人在租赁开始日的最低租赁付款额现值，几乎相当于租赁开始日的租赁资产公允价值；出租人在租赁开始日的最低租赁收款额现值，几乎相当于租赁开始日的租赁资产公允价值。

（5）租赁资产性质特殊，如果不做较大改造，只有承租人才能使用。

在实务中，对于融资租入的固定资产，按照"实质重于形式"的会计原则，在租赁期内，应视同自有固定资产入账，但为了与企业其他自有固定资产相区别，应单独设置"融资租入固定资产"明细科目进行核算。企业在租赁开始日，应按当日租赁资产的公允价值与最低租赁付款额的现值两者中较低者加上初始直接费用，借记"固定资产"或"在建工程"科目，按最低租赁付款额，贷记"长期应付款——应付融资租赁款"科目，按发生的初始直接费用，贷记"银行存款"等科目，按其差额借记"未确认融资费用"科目。

其中，租赁开始日是指承租人有权行使其使用租赁资产权利的开始日。最低租赁付款额是指在租赁期间内承租人应支付或可能被要求支付的款项（不包括或有租金和履约成本），加上由承租人或与其有关的第三方担保的资产余值。初始直接费用是指承租人在租赁谈判和签订租赁合同过程发生的，可归属于租赁项目的手续费、律师费、差旅费、印花税等费用。每期支付租金费用时，借记"长期应付款"科目，贷记"银行存款"科目。在租赁期内采用实际利率法分期摊销，未确认融资费用按当期应分摊的未确认融资费用金额，借记"财务费用""在建工程"等科目，贷记"未确认融资费用"科目。其中，"未确认融资费用"科目用于核算企业应当分期计入利息费用的未确认融资费用。该科目借方余额反映企业未确认融资费用的摊余价值。租赁期满，如果设备所有权转归承租企业，应进行转账，将固定资产从"融资租赁固定资产"明细科目转入有关明细科目。

2. 经营租赁。是指除融资租赁以外的其他租赁。其特点是：

（1）租赁资产的所有权归属出租方，与所有权有关的全部风险和报酬没有转移，出租方保留租赁资产的大部分风险和报酬，租赁资产的折旧、修理费等均由出租方承担。

（2）出租方需要多次出租才能收回其对租赁资产的投资。

（3）承租人只是为满足经营上临时性或季节性的需要而租入固定资产，并不打算长期拥有。

（4）租赁期满，承租人将资产退回给出租人。

由于经营租赁存在以上特点，承租企业只需按合同规定按期支付租金，而不需将租入固定资产的使用权资本化，不必将所承担的付款义务列作负债，也无须计提折旧。为了便于管理，企业一般将经营租赁的固定资产登记在备查簿中。

（五）债务重组取得的固定资产

按取得的固定资产的公允价值借记"固定资产"科目，按该项应收债权已计提的坏账准备，借记"坏账准备"科目，按应收债权的账面余额，贷记"应收账款"，按差额，借记"营业外支出——债务重组损失"科目。

（六）以非货币性资产交换换入的固定资产

根据换出的非货币性资产的不同，固定资产又可分为：以存货换入固定资产、以投资换入固定资产、以固定资产换入固定资产、以无形资产换入固定资产。以非货币性资产换入的固定资产，需对是否涉及补价分别进行相应的会计处理。

1. 不涉及补价

（1）如果该非货币性资产交换具有商业实质且公允价值能够可靠地计量，以公允价值和应支付的相关税费，借记"固定资产"科目，同时，分别按以下情况处理：

①如果换出资产为存货时，按换出存货的公允价值，贷记"主营业务收入""其他业务收入"等科目，按存货公允价值与适用税率计算的增值税，贷记"应交税费——应交增值税（销项税额）"科目，按应支付的相关费用，贷记"银行存款"等科目。同时结转换出存货成本，按换出存货已计提的减值准备，借记"存货跌价准备"科目，按库存存货账面成本借记"主营业务成本""其他业务支出"等科目，按两者之和贷记"库存商品""原材料""周转材料"等科目。其中换出的存货采用计划成本或售价核算时，还应同时结转材料成本差异或商品进销差价。

②如果企业换出资产为长期股权投资，按计提的减值准备借记"长期股权投资减值准备"科目，按长期股权投资的账面价值，贷记"长期股权投资"科目，按借贷差额，借记或贷记"投资收益"科目。

③如果换出资产为无形资产或固定资产时，按换出资产已计提的减值准备，借记"无形资产减值准备"或"固定资产减值准备"科目；按已计提的累计摊销额或累计折旧额，借记"累计摊销"或"累计折旧"科目；按换出资产的账面余额，贷记"无形资产"或"固定资产"科目；按应支付的相关税费，贷记"银行存款""应交税费"等科目；按借贷差额，借记"营业外支出"或贷记"营业外收入"科目。

（2）若非货币资产交换不具有商业实质且其公允价值不能够可靠计量的，以换出资产的账面价值加上应支付的相关税费借记"固定资产"科目，不确认非货币性交易损益，并对以下不同情况分别进行处理。

①如果换出资产为存货按换出存货已计提的减值准备，借记"存货跌价准备"科目，按存货的账面成本，贷记"库存商品""原材料""周转材料"等科目，按计算的增值税，贷记"应交税费——应交增值税（销项税额）"科目。其中，换出的存货采用计划成本或售价核算时，还应同时结转材料成本差异或商品进销差价。

②如果企业换出资产为长期股权投资，按计提的减值准备，借记"长期股权投资减值准备"科目，按长期股权投资的账面余额，贷记"长期股权投资"科目。

③如果换出资产为无形资产或固定资产时，按换出资产已计提的减值准备，借记"无形资产减值准备"或"固定资产减值准备"科目；按累计摊销额或累计折旧额，借记"累计摊销"或"累计折旧"科目；按无形资产或固定资产的账面余额，贷记"无形资产"或"固定资产"科目；按应支付的相关税费，贷记"银行存款""应交税费"等科目。

2. 收到补价。当非货币性资产交换具有商业实质且其公允价值能够可靠计量时，以换出资产的公允价值减去收到的补价（或换入资产的公允价值）加上应支付的相关税费，借记"固定资产"科目，按收到的补价，借记"银行存款"科目，其他处理参见不涉及补价部分的相关内容。

当非货币性资产交换不具有商业实质且其公允价值不能够可靠计量时，以换出资产的账面价值，减去收到的补价并加上应支付的相关税费，借记"固定资产"科目，按收到的补价，借记"银行存款"科目，其他处理参见不涉及补价部分相关的内容。

3. 支付补价。当非货币性资产交换具有商业实质且其公允价值能够可靠计量时，以换出资产的公允价值加上支付的补价和应支付的相关税费，借记"固定资产"科目，按支付的补价，贷记"银行存款"科目，其他处理参见不涉及补价部分的相关内容。当非货币性资产交换不具有商业实质且其公允价值不能够可靠计量时，以换出资产的账面价值加上支付的补价和应支付的相关税费，借记"固定资产"科目，按支付的补价，贷记"银行存款"科目，其他处理参见不涉及补价部分的相关内容。

（七）接受捐赠的固定资产

企业接受捐赠的固定资产，按确定的资产价值和应支付的相关税费，借记"固定资产"科目，按资产的价值，贷记"营业外收入"科目，按应支付的相关税费，贷记"银行存款"等科目。

（八）盘盈的固定资产

根据企业会计准则的规定，企业在财产清查过程中盘盈的固定资产属于前期会计差错，记入"以前年度损益调查"科目，应当采用追溯重述法更正。

五、固定资产折旧

（一）固定资产折旧的含义

固定资产折旧是指固定资产在长期的使用过程中，能保持其实物形态不变，但是随着使用年限的增加或其他因素的影响，会发生各种有形和无形的损耗，使其服务潜力逐渐减退，直至最终报废而退出生产经营过程。

有形损耗，是指固定资产由于使用和自然力的影响作用而引起的使用价值和价值的损失；无形损耗，是指由于科学技术的进步等所引起的固定资产价值的损失。

由于固定资产具有上述特点，固定资产的价值应当在其有效使用年限内，根据一定的标准进行分摊，形成折旧费用，计入各期成本。固定资产折旧，是指固定资产在使用过程中逐渐损耗而转移到产品成本、费用中的那部分价值。亦即在固定资产使用寿命内按照确定的方法对应计折旧额进行系统分摊。

应计折旧额，是指应当计提折旧的固定资产的原价扣除其预计净残值后的金额，已计提减值准备的固定资产，还应当扣除已计提的固定资产减值准备累计金额。

（二）影响固定资产折旧的因素

影响固定资产折旧数额大小的因素有计提折旧的基数、折旧年限、折旧方法和预计净残值。

1. 计提折旧的基数。计提固定资产折旧的基数是固定资产的原始价值或固定资产的账面净值。一般以固定资产的原价为计提折旧的依据，采用双倍余额递减法计提折旧的企业，计提折旧的依据为固定资产的账面净值。企业在具体计算折旧时，一般以月初应计提折旧的固定资产原值或账面净值为依据。

2. 折旧年限（固定资产使用寿命）。折旧年限的长短直接关系折旧率的高低，从而影响企业各期应提折旧的数额。在确定固定资产折旧年限时，应当考虑下列因素：（1）预计生产能力或实物产量；（2）预计有形损耗和无形损耗；（3）法律或者类似规定对资产使用的限制。

企业应根据国家的有关规定，结合企业的具体情况，合理地确定固定资产的折旧年限。

3.折旧方法。折旧方法不同，计提的折旧额也有较大的差异。企业应根据自身的特点，选择相应的折旧方法，以较合理地计提折旧，反映本企业固定资产的使用现状。

4.预计净残值。是指假定固定资产预计使用寿命已满并处于使用寿命终了时的预期状态，企业目前从该项资产处置中获得的扣除预计处置费用后的金额。企业应根据固定资产的性质和使用情况，合理确定固定资产的使用寿命和预计净残值。

在实务中，通常用固定资产原值的一定百分比来估算残值。企业应当根据与固定资产有关的经济利益的预期实现方式，合理选择固定资产的折旧方法。固定资产的使用寿命、预计净残值和折旧方法一经确定，不得随意变更。企业至少应当于每年年度终了，对固定资产的使用寿命、预计净残值和折旧方法进行复核。使用寿命预计数、预计净残值预计数与原先估计数有差异的，应当调整固定资产使用寿命、预计净残值。与固定资产有关的经济利益预期实现方式有重大改变的，应当改变固定资产折旧方法。固定资产使用寿命、预计净残值折旧方法的改变应当作为会计估计变更。

（三）固定资产计提折旧的范围

1.下列固定资产应计提折旧：（1）房屋和建筑物；（2）在用的机器设备、仪器仪表、运输工具、工具器具；（3）季节性停用、大修理停用的固定资产；（4）融资租入和经营性租出的固定资产。

2.下列固定资产不提折旧：（1）房屋、建筑物以外的未使用、不需用的固定资产；（2）以经营性方式租入的固定资产；（3）已提足折旧继续使用的固定资产；（4）按规定单独估价作为固定资产入账的土地。

企业应按月计提折旧。企业的固定资产发生增减变化时，为了核算的方便，一般当月增加的固定资产，当月不计提折旧，从下月起计提折旧；当月减少的固定资产，当月照常计提折旧，下月起停止计提折旧。固定资产提足折旧后，不论能否继续使用，均不再计提折旧；提前报废的固定资产，若未提足折旧，不再补提折旧。已达到预定可使用状态但尚未办理竣工决算的固定资产，应当按照估计价值确定其成本，并计提折旧；待办理竣工决算后，再按实际成本调整原来的暂估价值，但不需调整原已计提的折旧额。

（四）固定资产折旧的方法

企业会计准则规定，企业可以采用的固定资产折旧方法有年限平均法、工作量法、年数总和法、双倍余额递减法等。

1.年限平均法。又称直线法，是将固定资产的折旧均衡地分摊到各期的一种方法。

采用这种方法计算的每期折旧额是等额的。年限平均法的计算公式如下：

$$固定资产年折旧额 = \frac{固定资产原价-（预计残值-预计清理费用）}{固定资产预计使用年限}$$

$$= \frac{固定资产原价-预计残值}{固定资产预计使用年限}$$

$$= \frac{固定资产原价\times（1-预计残值率）}{固定资产预计使用年限}$$

在实际工作中，为了便于计算，一般每月应提折旧是根据固定资产的原值乘以月折旧率来计算的。固定资产折旧率是指一定时期内固定资产应计提折旧与固定资产原值的比率。折旧率和折旧额的计算公式如下：

$$年折旧率 = \frac{1-预计净残值率}{预计使用年限}\times 100\%$$

$$月折旧率 = \frac{年折旧率}{12}$$

固定资产折旧率可分为个别折旧率、分类折旧率和综合折旧率。个别或单项折旧率是指按某项固定资产在一定期间的折旧额与该项固定资产原值的比率。分类折旧率是指固定资产分类折旧额与该类固定资产原值的比率。采用这种方法计算时，需先将固定资产按性质结构和使用年限接近的固定资产归为一类，再按类计算折旧率，然后用该类折旧率计算该类固定资产折旧额。综合折旧率是指某一期间企业全部固定资产折旧额与全部固定资产原价的比率。个别折旧率是按个别固定资产单独计算的，其准确性高。采用分类折旧率计算固定资产折旧的优点是计算方法简单，但准确性不如个别折旧率。与个别折旧率和分类折旧率相比，采用综合折旧率计算固定资产折旧，其计算结果的准确性较差。在实务中，未使用电算化处理账务的企业多采用分类折旧率，采用电算化处理的企业，更多选择个别折旧率。

采用年限平均法计算固定资产折旧的优点是计算方法简单，但也有明显的局限性。

第一，固定资产在不同使用年限所提供的经济效益是不同的。一般而言，固定资产在其使用前期的工作效率相对较高，所以带来的经济效益也较多；而在其使用后期，工作效率一般呈下降趋势，因而所带来的经济效益也逐渐减少。年限平均法没有考虑这一事实，显然是不合理的。

第二，固定资产在不同的使用年限所发生的维修费用也不一样，固定资产的维修费用将随着其使用时间的延长而不断增大，而年限平均法也忽略了这一因素。当固定资产在各期的负荷程度相同，各期应分摊相同的折旧费时，采用年限平均法计算折旧才显得合理。如果固定资产在各期的负荷程度不同，采用年限平均法计算折旧，所提取的折旧额与固定资产的损耗程度不一致，则不能反映固定资产的实际使用情况。

2. 工作量法。工作量法是根据固定资产实际工作量计提折旧额的一种方法。这种方法可以弥补年限平均法只注重固定资产的使用时间，不考虑其使用强度的缺点。计算公式如下：

$$单位工作量折旧额=\frac{固定资产原价-（预计残值收入-预计清理费用）}{预计总工作量}$$

工作量法的优点是，它能够使每期提取的折旧额与固定资产在当期实际的使用程度相一致，因此，这种方法较适用于磨损程度与完成工作量呈正比例关系的固定资产，或在使用期限内不能均衡使用的固定资产。

3. 加速折旧法。又称为快速折旧法，是指在固定资产的有效使用年限的前期多提折旧，后期少提折旧，折旧费用逐年递减的一种折旧方法。其目的是相对加快折旧速度，从而使固定资产成本在有效使用年限内尽快得到补偿。加速折旧的计提方法有多种，常用的有双倍余额递减法和年数总和法两种。

（1）双倍余额递减法。双倍余额递减法是根据每期期初固定资产账面余额和假定预计净残值为零时以双倍的直线法折旧率计算固定资产折旧的一种方法。采用双倍余额递减法时的折旧率是固定不变的，而计提折旧的基数为逐年递减的固定资产的净值，因此，计提的折旧额逐年递减。

采用这种方法计算折旧时应注意：第一，企业是按月计提折旧的，因此，上述公式中的固定资产账面净值是指各月月初的账面净值。第二，由于采用该方法时残值不能从固定资产价值中抵减，因此，在计算时不能使固定资产的账面折余价值降低到它的预计残值收入以下，为此在固定资产使用的后期，如果发现使用双倍余额递减法计算的折旧额小于采用直线法计算的折旧额时，就可以改用直线法计提折旧。为了操作方便采用双倍余额递减法计提折旧的固定资产，应当在固定资产折旧年限到期以前两年内，将固定资产净值扣除预计残值后的余额平均摊销。

（2）年数总和法。年数总和法又称为合计年限法、使用年数积数法，是指将固定资产的原值减去净残值后的净额乘以一个逐年递减的分数计算每年的折旧额。该分数的分子为固定资产的尚可使用年数，分母为使用年数的逐年数字总和。年数总和法折旧率是逐年降低的，而计提折旧的基数为固定资产原值减去预计净残值，是固定不变的，因此，计提折旧也是逐年递减的。

（五）固定资产折旧的账务处理

固定资产计提折旧时，应以月初应计折旧固定资产账面原值为依据。在实际工作中，企业各月计算提取折旧时，可以在上月计提折旧的基础上，对上月固定资产的增减变动情况进行调整后计算当月应计提的折旧额。通常采用下列计算公式：

本月应计提折旧额=上月计提折旧额+上月增加固定资产应计提折旧额-上月减少固定资产应计提折旧额

企业按月计提固定资产折旧时，应借记"制造费用""管理费用""销售费用""研发支出""其他业务成本"等科目，贷记"累计折旧"科目。在会计实务中，各月计提折旧的计算通常是通过编制"固定资产折旧计算表"来完成的。

六、固定资产的后续支出

固定资产的后续支出是指固定资产在使用过程中发生的更新改造支出和修理费用支出等。

（一）固定资产的改建、扩建和改良

企业对固定资产进行维护改建扩建或改良符合资本化条件的，应停止计提折旧，并将该固定资产的原价、累计折旧和减值准备转销，将其账面价值转入在建工程，借记"在建工程""累计折旧""固定资产减值准备"科目，贷记"固定资产"科目；固定资产在改扩建过程中发生的支出，符合资本化条件的，借记"在建工程"科目，贷记"银行存款"等科目；在改扩建等工程完工并达到预定可使用状态时，借记"固定资产"科目，贷记"在建工程"科目，并按重新确定的使用寿命预计净残值和折旧方法计提折旧。

（二）固定资产的修理

固定资产在使用过程中，由于各个组成部分的耐用程度不同或者使用的条件不同，因而往往会发生固定资产局部的损坏。为了保持固定资产的正常运转和使用，充分发挥其使用效能，就必须对其进行必要的修理。固定资产发生的修理费用应当以发生时记录当期损益。其中，企业生产车间和行政管理部门发生的修理费用，记入"管理费用"科目；销售机构发生的修理费用，记入"销售费用"科目。

七、固定资产的处置和减值

（一）固定资产的处置

固定资产的处置是指企业在生产经营过程中，出售转让不适用或不需用的固定资产；对由于自然灾害等发生毁损、由于使用而不断磨损直至最终报废、由于技术进步

等发生提前报废的固定资产进行清理；将固定资产用于对外投资、对外捐赠抵债非货币性资产交换以及清查过程中出现的盘亏。

1.固定资产的出售、报废或毁损。企业因出售、报废、毁损、对外投资、非货币性资产交换、债务重组等转出的固定资产，一般应通过"固定资产清理"科目进行核算。会计核算一般分为以下几个步骤：

第一，固定资产转入清理。固定资产转入清理时，按清理固定资产的账面价值，借记"固定资产清理"科目，按已提的累计折旧，贷记"累计折旧"科目，按已提的减值准备，借记"固定资产减值准备"科目，按固定资产账面原价，贷记"固定资产"科目。

第二，发生的清理费用。在固定资产清理过程中，应按实际发生的清理费用以及应交的税金，借记"固定资产清理"科目，贷记"银行存款""应交税费——应交增值税"等科目。

第三，出售收入和残料等的处理。企业收回出售固定资产的价款、报废固定资产的残料价值和变价收入等应按实际发生额冲减清理支出，借记"银行存款""原材料"等科目，贷记"固定资产清理"科目。

第四，保险赔偿的处理。企业计算或收到应由保险公司或过失人赔偿报废、毁损固定资产的损失时，应冲减清理支出，借记"银行存款""其他应收款"等科目，贷记"固定资产清理"科目。

第五，清理净损益的处理。固定资产清理后的净收益，属于生产经营期间的，应计入当期损益，借记"固定资产清理"科目，贷记"营业外收入——处置非流动资产收益"科目。

固定资产清理后的净损失，属于生产经营期间正常的处理损失，借记"营业外支出——处置非流动资产损失"科目，贷记"固定资产清理"科目；属于自然灾害等非正常原因造成的损失，借记"营业外支出——非常损失"科目，贷记"固定资产清理"科目。

2.对外投资转出固定资产。投资转出的固定资产，根据该非货币性资产交换是否同时符合具有商业实质及换入（或换出）资产的公允价值能够可靠地计量，分别按转出固定资产的公允价值或账面价值，加上应支付的相关税费（如涉及补价时，再加上支付的补价或减去收到的补价），借记"长期股权投资"科目，按投出固定资产已提的累计折旧，借记"累计折旧"科目，按该固定资产已计提的减值准备，借记"固定资产减值准备"科目，按投出固定资产的账面原价，贷记"固定资产"科目，按应支付的相关税费，贷记"应交税费""银行存款"等科目，按支付（或收到）的补价，贷记（或借记）"银行存款"科目。固定资产公允价值与账面价值的差额，借记"营业外支出"或贷记"营业外收入"科目。

3. 捐赠转出固定资产。捐赠转出固定资产，也通过"固定资产清理"科目进行核算。

第一步，应按固定资产净值借记"固定资产清理"科目，按已提的累计折旧，借记"累计折旧"科目，按已提固定资产减值准备，借记"固定资产减值准备"科目，按固定资产原价，贷记"固定资产"科目。

第二步，按捐赠时负担的相关税费，借记"固定资产清理"科目，贷记"库存现金""银行存款"等科目。

第三步，按固定资产清理账户余额，借记"营业外支出——捐赠支出"科目，贷记"固定资产清理"科目。

4. 债务重组转出固定资产。债务人以固定资产抵偿债务，应将固定资产公允价值与该项固定资产账面价值和清理费用的差额，作为转让固定资产的损益处理。将固定资产的公允价值与重组债务的账面价值的差额作为债务重组利得。通过"固定资产清理"科目核算。

第一步，按固定资产净值，借记"固定资产清理"科目，按该项资产已计提的累计折旧，借记"累计折旧"科目，按已计提的减值准备，借记"固定资产减值准备"科目，按固定资产账面原价，贷记"固定资产"科目。

第二步，按转出的固定资产应交的相关税费，借记"固定资产清理"科目，贷记"应交税费""银行存款"等科目。

第三步，按应付债务的账面余额，借记"应付账款"科目，按固定资产公允价值贷记"固定资产清理"科目，按两者差额，贷记"营业外收入——债务重组利得"科目。

第四步，按固定资产清理科目余额，借记"固定资产清理"科目，贷记"营业外收入——处置固定资产利得"科目；或借记"营业外支出——处置固定资产损失"科目，贷记"固定资产清理"科目。

5. 盘亏的固定资产。盘亏的固定资产，按其账面价值，借记"待处理财产损溢——待处理非流动资产损溢"科目，按该项资产已提的累计折旧，借记"累计折旧"科目，按已计提的减值准备，借记"固定资产减值准备"科目，按该固定资产账面原价，贷记"固定资产"科目。经批准后，将净损失转入营业外支出，借记"营业外支出"科目，贷记"待处理财产损溢——待处理非流动资产损溢"科目。

（二）固定资产减值

固定资产发生损坏、技术陈旧或其他经济原因，导致其可收回的金额低于其账面净值，这种情况称为固定资产价值减值。企业可从以下几种迹象判断固定资产是否发生减值。

1. 固定资产的市价在当期大幅度下跌，其跌幅大大高于因时间推移或正常使用而预计的下跌。

2. 企业经营所处的技术、市场、经济或法律等环境，或者固定资产所处的市场在当前或近期发生重大变化，对企业产生不利影响。

3. 市场利率或市场的其他投资回报率在当期已经提高，从而很可能影响企业计算固定资产、预计未来现金流量现值的折现率，导致固定资产可收回金额大幅度降低。

4. 有证据表明，固定资产已经陈旧过时。

5. 固定资产已经或者将被闲置、终止使用或者计划提前处置。

6. 企业内部报告提供的证据表明，固定资产的经济绩效已经或将要比预期的差。

7. 其他表明固定资产可能已经发生减值的迹象。

根据客观性原则和谨慎性原则要求，对于已经发生的资产价值的减值应予以确认，因此，每年年末，企业应对固定资产的账面价值进行检查。如果固定资产可收回金额低于其账面价值，应将固定资产的账面价值减记至可收回金额，借记"资产减值损失"科目，贷记"固定资产减值准备"科目。固定资产减值损失一经确认，在以后会计期间不得转回。

第二节　无形资产

一、无形资产概述

（一）无形资产的定义

无形资产是指企业拥有或者控制的没有实物形态的可辨认非货币性资产，主要包括专利权、非专利技术、商标权、著作权、特许权等。无形资产具有以下特征：

1. 不具有实物形态。相对于具有实物形态的固定资产等资产而言，无形资产不具有实物形态，但是，它不是无形资产独有的特征，因为应收款项、对外投资等资产也不具有实物形态。无形资产虽然看不见、摸不着，但它却是一种客观存在的资产。它通常表现为某种权力、技术或获取超额利润的综合能力，能够为企业带来经济利益，或可使企业获取超额收益。

2. 非货币性、长期性。无形资产和银行存款等货币性资产均不具有实物形态，无形资产区别于这些货币性资产在于它属于非货币性资产。无形资产和应收款项等资产均不具有实物形态，无形资产区别于应收款项等资产在于它属于长期资产，能够在超过企业的一个经营周期内为企业创造经济利益。但是，无形资产的长期性不是它独有的特征，如长期投资也同样具有长期性。

3. 可辨认性。无形资产能够从企业中分离或者划分出来，并能单独或者与相关合同、资产或负债一起，用于出售、转移、授权许可、租赁或者交换。例如，商誉就不具有可辨认性，不属于无形资产。

4. 不确定性。虽然无形资产能在较长的时间内为企业创造利益，但其创造利益的能力会受到外界各因素的影响，例如利用无形资产所生产的产品的市场需求的变化、科学技术的发展速度等，因此，无形资产在创造经济利益方面存在较大的不确定性。根据这一特征，可区分同样不具有实物形态且具有长期性的长期投资等资产。

（二）无形资产的内容

无形资产包括专利权、非专利技术、商标权、著作权、土地使用权特许权等。

1. 专利权。专利权是指国家专利管理机关依法授予发明创造专利申请人对其发明创造在法定期内享有的独占权和专有权，包括发明专利权、实用新型专利权和外观设计专利权。专利权的主体是依据专利法被授予专利权的个人或单位，专利权的客体是受专利法保护的专利范围。并不是所有的专利权都能给持有者带来经济利益，有些专利权具有很小的经济价值或根本就没有经济价值。因此，企业只将能为企业带来较大经济利益的专利权予以资本化，作为无形资产核算。《中华人民共和国专利法》规定，发明专利保护期限为20年，实用新型专利和外观设计专利的保护期限分别为10年和15年，均自申请日起算。期限届满，自然终止。

2. 非专利技术。非专利技术又称为专有技术，是指不为外界所知、在生产经营活动中已采用了的、不享有法律保护的各种技术和经验。非专利技术具有经济性、机密性和动态性等特点，它虽不受法律保护，但事实上具有专利权的效用，只要非专利技术不泄露于外界，就可以由其持有者长期享用，因此，非专利技术没有固定的有效期。

3. 商标权。商标权是指企业拥有的在某些指定的商品或产品上使用特定名称、图案、标记的权利。《中华人民共和国商标法》规定，经商标局核准注册的商标为注册商标，商标注册人享有商标的专用权，受法律保护。商标专用权保护期限为10年，自核准注册之日起计算。

4. 著作权。著作权又称为版权，是指作者对其创作的文学、科学和艺术作品依法享有的出版、发行等方面的专有权利。著作权包括发表权、署名权、修改权、保护作品完整权、使用权和获得报酬权等。著作的作者享有著作权，受国家法律保护，其发表权、使用权和获得报酬权的保护期限为作者终生及其死亡后 50 年。

5. 土地使用权。土地使用权是指企业经国家土地管理机关批准享有在一定期间内对国有土地开发利用、经营的权利。我国宪法和《中华人民共和国土地管理法》规定，城市土地属于国家所有；农村和城市郊区的土地除法律规定属于国家所有的以外，属于集体所有。任何单位和个人不得侵占买卖、出租或以其他形式非法转让土地。

6. 特许权。特许权又称为经营特许权、专营权是指企业在某一地区经营或销售某种特定商品的权利。

（三）无形资产的确认

无形资产的确认，是指将符合无形资产确认条件的项目，作为企业的无形资产加以记录，并将其列入企业资产负债表的过程。企业会计准则规定，企业将某个项目确认为无形资产应符合无形资产的定义，同时符合以下两个条件。

1. 与该资产有关的经济利益很可能流入企业。在实务中，企业的管理部门应对无形资产在预计使用年限内存在的各种因素做出最稳健的估计，通过实施职业的判断确定该无形资产创造的经济利益是否很可能流入企业。在判断时，应充分考虑相关的内外两方面的因素。例如企业是否有足够的人力资源、高素质的管理队伍、相关的硬件设备等来配合无形资产为企业创造经济利益；外部是否存在相关的新技术、新产品冲击以及与无形资产相关的技术或据其生产的产品的市场等。

2. 该资产的成本能够可靠地计量。成本能否可靠地计量，是确认无形资产的一项基本的条件。例如，企业自创商誉及内部产生的品牌等，因其创造过程中所发生的支出难以计量，不能将其作为无形资产确认。

二、无形资产的初始计量

为了正确反映和监督无形资产的增减变动及结存情况，企业应设置"无形资产"科目，借方登记无形资产的增加，贷方登记无形资产的减少，期末借方余额反映企业无形资产的成本。本科目可按无形资产项目进行明细核算。企业会计准则对以不同方式取得的无形资产的入账价值做了明确的规定。

（一）外购无形资产

外购无形资产的成本包括购买价款、相关税费以及直接归属于使该项无形资产达到预定用途所发生的其他支出。购买无形资产的价款超过正常信用条件延期支付，实质上具有融资性质的，无形资产的成本以购买价款的现值为基础确定。外购无形资产，按应计入成本的金额，借记"无形资产"科目，贷记"银行存款"等科目。

（二）投资者投入的无形资产

投资者投入的无形资产应当按照投资合同或协议约定的价值确定，但合同或协议约定价值不公允的除外。按投资合同协议约定的价值，借记"无形资产"科目，贷记"实收资本""股本"等科目。

（三）债务重组取得的无形资产

通过债务重组取得的无形资产，以该无形资产的公允价值，借记"无形资产"科目，按已计提的坏账准备，借记"坏账准备"科目，按应收债权的账面余额，贷记"应收账款"等科目，按差额，借记"营业外支出"科目。

（四）自行开发的无形资产

企业自行研究开发项目，应当区分研究阶段与开发阶段并分别进行核算。研究是指为获取并理解新的科学或技术知识而进行的独创性的有计划调查。开发是指在进行商业性生产或使用前，将研究成果或其他知识应用于某项计划或设计，以生产出新的或具有实质性改进的材料、装置、产品等研究开发过程中发生的各项支出。通过"研发支出"科目核算，借方归集研发过程中发生的支出，贷方登记期末转入当期费用及"无形资产"科目的金额，期末借方余额反映企业正在进行无形资产研究开发项目满足资本化条件的支出。该科目分别按"费用化支出"和"资本化支出"进行明细核算。

研究阶段的支出，应当于发生时计入当期损益，发生支出时，借记"研发支出——费用化支出"科目，贷记"原材料""银行存款""应付职工薪酬"等科目；期末，将"研发支出"科目归集的费用化支出金额转入"管理费用"科目，借记"管理费用"科目，贷记"研发支出——费用化支出"科目。自行开发的无形资产，其成本包括自满足无形资产确认条件后至达到预定用途前所发生的支出总额。但是对于以前期间已经费用化的支出不再进行调整。开发阶段的支出，通过"研发支出——资本化支出"科目归集，借记"研发支出——资本化支出"科目，贷记"原材料""银行存款"等科目。研究开发项目达到预定用途形成无形资产的，将"研发支出"科目的余额借记"无形资产"科目，贷记"研发支出——资本化支出"科目。

（五）接受捐赠的无形资产

企业接受捐赠的无形资产，应按下列情况分别进行计价：

（1）如果捐赠者提供了有关凭据，应按凭据中的金额加上应支付的相关税费计价。

（2）如果捐赠者未提供有关凭据，则按下列顺序计价：①同类或类似无形资产存在活跃的市场，应参照同类或类似无形资产的市场价格估计的金额加上应支付的相关税费计价；②同类或类似无形资产不存在活跃市场，应按其未来现金流量的现值计价。企业接受捐赠取得的无形资产，按确定的成本，借记"无形资产"科目，按支付的相关税费，贷记"银行存款""应交税费"等科目，按差额，贷记"营业外收入"科目。

三、无形资产的后续计量

（一）无形资产的摊销

企业应当于取得无形资产时分析判断其使用寿命。无形资产的使用寿命是有限的，应当估计该使用寿命的年限或者构成使用寿命的产量等类似计量单位数量；无法预见无形资产为企业带来经济利益期限的，应当视为使用寿命不确定的无形资产。

1.使用寿命有限的无形资产。使用寿命有限的无形资产，应在使用寿命内系统合理摊销，摊销金额为其成本扣除预计残值后的金额。已计提减值准备的，还应扣除已计提的无形资产减值准备累计金额。使用寿命有限的无形资产的残值一般应当视为零，但下列情况除外：

（1）有第三方承诺在无形资产使用寿命结束时购买该无形资产。

（2）可以根据活跃市场得到预计残值信息，并且该市场在无形资产使用寿命结束时可能存在。

无形资产的摊销期自其可供使用时起，至不再作为无形资产确认时止。无形资产的摊销方法包括直线法、生产总量法等。企业选择的无形资产摊销方法，应当反映与该无形资产有关的经济利益的预期实现方式；无法可靠确定预期实现方式的，应当采用直线法摊销。无形资产的摊销金额一般应当计入当期损益。若某项无形资产包含的经济利益通过所生产的产品或其他资产实现的，其摊销金额应当计入相关资产的成本。

例如，专门用于生产产品的无形资产，摊销时应计入制造费用，构成所生产产品成本的一部分。企业应设置"累计摊销"科目，核算企业对使用寿命有限的无形资产计提的累计摊销，并可按无形资产项目进行明细核算。企业按期（月）计提无形资产的摊销，借记"管理费用""制造费用""其他业务成本"等科目，贷记"累计摊销"

科目；处置无形资产时，应同时结转累计摊销。"累计摊销"科目期末贷方余额反映企业无形资产的累计摊销额。

企业至少应当于每年年度终了，对使用寿命有限的无形资产的使用寿命及摊销方法进行复核。无形资产的使用寿命及摊销方法与以前估计不同的，应当改变摊销期限和摊销方法。

2. 使用寿命不确定的无形资产。对于使用寿命不确定的无形资产，在持有期间内不进行摊销。企业应当在每个会计期间对使用寿命不确定的无形资产的使用寿命进行复核。如果有证据表明无形资产的使用寿命是有限的，应当估计其使用寿命，并按使用寿命有限的无形资产的处理原则进行处理。

（二）无形资产的减值

每年年末，企业应对无形资产的账面价值进行检查。如果计量结果表明，无形资产的可收回金额低于其账面价值，应当将该无形资产账面价值减记至可收回金额，借记"资产减值损失"科目，贷记"无形资产减值准备"科目。无形资产减值损失一经确认，在以后会计期间不得转回。确认无形资产减值损失后，无形资产的摊销应当在未来期间做出相应的调整。

四、无形资产的出租

无形资产的出租，是指企业将所拥有的无形资产的使用权让渡给他人，并收取租金。出租无形资产取得的收入，应作为其他业务收入核算，借记"银行存款"等科目，贷记"其他业务收入"科目。取得出租收入应缴纳的增值税、城市维护建设税和教育费附加，借记"税金及附加"科目，贷记"应交税费"科目。出租过程中发生的相关费用，借记"其他业务成本"科目，贷记"银行存款"等科目。对出租的无形资产价值的摊销，借记"其他业务成本"科目，贷记"累计摊销"科目；如果企业在出租无形资产的同时，自己还仍在使用该项无形资产，则其摊销价值应按一定的标准进行分配，摊销时借记"其他业务成本""管理费用"等科目，贷记"累计摊销"科目。

五、无形资产的处置

无形资产的处置包括无形资产的出售和报废等。

（一）无形资产的出售

无形资产的出售，是指转让无形资产的所有权。企业出售无形资产时，按实际收到的金额，借记"银行存款"等科目；按已计提的累计摊销，借记"累计摊销"科目；按应支付的相关税费及其他费用，贷记"应交税费""银行存款"等科目；按无形资产的原始价值，贷记"无形资产"科目；如果计提了减值准备，还应借记"无形资产减值准备"科目；按其差额，贷记"营业外收入——处置非流动资产利得"科目或借记"营业外支出——处置非流动资产损失"科目。

（二）无形资产的报废

无形资产的报废，是指由于无形资产不再受法律保护或已被其他新技术所代替，预期不能为企业带来经济利益而对其账面价值予以转销。无形资产报废时，按累计摊销额，借记"累计摊销"科目；按已计提的减值准备，借记"无形资产减值准备"科目按其原始价值，贷记"无形资产"科目，按其差额借记"营业外支出"科目。

六、其他资产

（一）商誉

商誉是指非同一控制下的企业合并中，购买方的购买成本大于被购买企业可辨认净资产公允价值的差额。为了正确反映企业合并中形成的商誉价值，企业应设置"商誉"科目。企业在合并中应按购入的各种可辨认资产的公允价值借记各资产科目；按应承担的各项债务的公允价值，贷记各负债科目；按实际支付的价款，贷记"银行存款"等科目；按实际支付的价款大于可辨认净资产公允价值的差额，借记"商誉"科目。"商誉"科目期末借方余额反映企业商誉的价值。

如果企业的购买成本小于被购买方可辨认净资产公允价值，其差额应当计入营业外收入。商誉在企业持续经营期间不进行摊销。初始确认后的商誉，应以其成本扣除累计减值准备后的金额计量。

（二）长期待摊费用

长期待摊费用是指企业已经发生，但应由本期和以后各期负担的分摊期限在1年以上的各项费用，如以经营租赁方式租入的固定资产发生的改良支出、开办费等。其中，开办费是指企业在筹办期间发生的不能计入各项资产价值的支出。

为了反映企业长期待摊费用的发生和摊销，企业应设置"长期待摊费用"科目，并按费用项目进行明细核算。企业发生的长期待摊费用，借记本科目，贷记"银行存款""原材料"等科目；摊销长期待摊费用，借记"管理费用""销售费用"等科目，贷记本科目。期末本科目借方余额反映企业尚未摊销完毕的长期待摊费用。长期待摊费用应当在费用项目的受益期限内分期平均摊销。除了购建固定资产以外,所有筹建期间发生的费用,先在长期待摊费用中归集,并在企业生产经营开始之日一次摊销,计入管理费用。如果长期待摊费用的费用项目不能使以后会计期间受益,应当将未摊销的该项目的摊余价值全部转入当期损益。

第三节 流动负债

一、流动负债概述

负债是指企业过去的交易或者事项形成的、预期会导致经济利益流出企业的现时义务。根据偿还时间长短,负债可分为流动负债和长期负债。

(一)流动负债的性质

流动负债是指企业将在1年或超过1年的一个营业周期内需要偿还的债务,包括短期借款、应付账款、应付票据、预收账款、其他应付款、应付职工薪酬、应交税费、应付股利等。流动负债到期时需要以流动资产或以增加流动负债来抵偿,确认流动负债,可以反映企业负债的偿还期限,同时,将流动资产与流动负债相比较,可以反映企业的短期偿债能力。

(二)流动负债的分类

流动负债可按不同的标准进行分类。

1. 按偿付手段的不同,可分为货币性流动负债和非货币性流动负债。货币性流动负债是指需要以货币资金来偿还的流动负债,如短期借款、应付票据、应付账款等;非货币性流动负债是指不需要用货币资金来偿还的流动负债,如预收账款,一般需要以商品或劳务来偿还。

2. 按偿付金额是否确定,可以分为偿付金额可以确定的流动负债、偿付金额视经营情况而定的流动负债和偿付金额需要估计的流动负债。偿付金额可以确定的流动负债是指在经济业务和事项发生时,就可以确定未来应付金额的流动负债,如短期借款、应付账款、应付票据、预收账款、其他应付款等;偿付金额视经营情况而定的流动负债是指需要根据经营情况进一步确定金额的流动负债,如应交所得税、应付股利等;

偿付金额需要估计的流动负债，是指在经济业务和事项发生时金额不能精确地计量，只能进行估计的流动负债，如预计负债。

（三）流动负债的计价

理论上，流动负债应按未来应付金额的现值计价。但是流动负债的偿付期限一般不超过1年，其到期值与贴现值差别不大，根据重要性原则，其差额可不考虑。因此，流动负债一般按经济业务发生时的金额计价。

例如，企业赊购时以面值20000元、期限为3个月、不带息的商业汇票结算，其到期值等于面值。也就是说，到期值20000元中，实际上已经隐含了3个月的利息，其现值应为扣除3个月利息后的余额。但该现值与未来应付的金额相差不大，企业一般按20000元作为应付票据的入账金额。

再如，企业赊购时以面值20000元、期限为3个月、票面利率6%的商业汇票结算。经济业务发生时的金额20000元为现值，到期值为现值加上3个月的利息，共计20300元。此时，企业仍然按经济业务发生时的20000元作为应付票据入账。

二、短期借款

（一）短期借款的概念

短期借款是指企业向银行或其他金融机构等借入的期限在1年以下（含1年）的各种借款。企业借入短期借款的目的一般是为了维持正常的生产经营所需的资金，或为了抵偿某项债务。

（二）短期借款的核算

为了正确地反映和监督短期借款的借入和归还情况，企业应设置"短期借款"科目。借入短期借款时，借记"银行存款"科目，贷记"短期借款"科目；归还借款时作相反会计分录。企业可按贷款人、借款种类和币种进行明细核算。"短期借款"科目期末贷方余额反映企业尚未偿还的短期借款。

短期借款的利息支出属于筹资费用，在资产负债表日，应按计算确定的短期借款利息费用借记"财务费用""利息支出"等科目，贷记"银行存款""应付利息"等科目。

三、应付票据

（一）应付票据的概念

应付票据是指企业在购买材料、商品和接受劳务供应等开出、承兑的商业汇票。商业汇票按承兑人不同可分为银行承兑汇票和商业承兑汇票两种。商业承兑汇票的承兑人为企业，承兑人对所承兑的债务负有在一定时期内付款的义务，形成了企业的一项负债；银行承兑汇票承兑人为银行，银行的承兑为收款人按时收回债权提供了可靠的保证，但是，出票人的现存付款义务仍存在，也应将其作为一项负债。

（二）应付票据的核算

为了正确反映应付票据的发生、偿付及结存情况，企业应设置"应付票据"科目。

由于商业汇票最长不超过6个月，时间较短，在会计实务中，一般均按照开出、承兑的商业汇票的面值入账。企业开出、承兑商业汇票，或以承兑商业汇票抵付货款、应付账款等按票面金额，借记"材料采购""库存商品""应交税费——应交增值税（进项税额）"等科目，贷记"应付票据"科目；企业支付银行承兑汇票的手续费时，借记"财务费用"科目，贷记"银行存款"科目；偿还应付票据时，借记"应付票据"科目，贷记"银行存款"科目；若为带息商业汇票，还应将利息记入"财务费用"科目的借方。

应付票据到期，企业无力支付票款时，按应付票据的票面金额，借记"应付票据"科目，按应付利息，借记"财务费用"科目，按到期值，贷记"应付账款""短期借款"科目。"应付票据"科目期末贷方余额反映企业尚未到期的商业汇票的票面金额。

为了加强对应付票据的管理，需要设置"应付票据备查簿"，详细登记应付票据的种类、号数、签发日期、到期日、票面金额、合同交易号、收款人姓名或单位名称以及付款日期和金额等资料。应付票据到期承兑后，应在备查簿中逐笔注销。

四、应付账款

（一）应付账款的概念与计价

应付账款是指企业因购买材料、商品和接受劳务等经营活动而发生的债务。由于应付账款的偿付时间一般较短，不再单独计算利息，而实际上延期付款期间的利息已隐含在业务发生时的金额之内，业务发生时的金额即为未来应付的金额。按照重要性原则，在会计实务中应付账款按业务发生时的金额计价。如果购货条件为现金折扣，企业会计准则要求按总价法核算，即按扣除现金折扣前的发票金额应付账款的入账价值。假如企业在折扣期内付款，取得了现金折扣，视为理财收益，冲减财务费用。

（二）应付账款的核算

为了正确反映企业应付账款的增加、减少及期末余额，企业应设置"应付账款"科目。该科目借方登记企业本期实际偿付的应付账款，贷方登记企业本期形成的或产生的应付未付款，余额在贷方表示期末应付账款余额。企业应按债权人设置明细分类科目，详细记录、反映企业与各债权人的应付账款增减变动及结存情况。

企业购入材料、商品等验收入库，但货款尚未支付，借记"材料采购""在途物资""应交税费——应交增值税（进项税额）"等科目，贷记"应付账款"科目；接受供应单位提供劳务而发生的应付款项，借记"生产成本""管理费用"等科目，贷记"应付账款"科目；支付时，借记"应付账款"科目，贷记"银行存款"等科目。

五、应付职工薪酬

（一）职工薪酬的内容

职工薪酬是指企业为获得职工提供的服务而给予的各种形式的报酬以及其他相关支出，包括职工在职期间和离职后提供给职工的全部货币性薪酬和非货币性福利。既包括提供给职工本人的薪酬，也包括提供给职工配偶、子女或其他被赡养人的福利等。

职工薪酬的具体内容主要包括：①职工工资、奖金津贴和补贴；②职工福利费；③医疗保险费、养老保险费、失业保险费、工伤保险费和生育保险费等社会保险费；④住房公积金；⑤工会经费和职工教育经费；⑥非货币性福利；⑦辞退福利，即指因解除与职工的劳动关系给予的补偿；⑧股份支付，即指企业为获取职工和其他方提供服务而授予权益工具或承担以权益工具为基础确定的负债的交易。

（二）应付职工薪酬的核算

为了反映企业根据有关规定应付给职工的各种薪酬，应设置"应付职工薪酬"科目，并按职工薪酬的具体内容，分别按"工资""职工福利""社会保险费""住房公积金""工会经费""职工教育经费""非货币性福利""辞退福利""股份支付"等进行明细核算。外商投资企业按规定从净利润中提取的职工奖励及福利基金，也在"应付职工薪酬"科目核算。

1. 工资的核算。

（1）工资总额。工资总额是指企业在一定时期内实际支付给职工的劳动报酬总额。工资总额一般由以下六个部分组成：

①计时工资，是按照职工的计时工资标准和工作时间支付给职工的劳动报酬。

②计件工资，是按照计件工资标准和职工完成的工作量支付给职工的劳动报酬。

③奖金，是按照职工的超额劳动工作量和增收节支业绩支付给职工的劳动报酬。

④津贴和补贴，是为了补偿职工特殊或额外的劳动消耗和其他特殊原因支付给职工的劳动报酬，如保健津贴；以及为了保证职工的工资水平不受物价影响支付给职工的劳动报酬，如物价补贴。

⑤加班加点工资，是按照规定的标准和职工加班加点的时间支付给职工的劳动报酬，如节假日加班工资。

⑥特殊情况下支付的工资，是按照国家法律法规和政策规定支付给职工的非工作时间的劳动报酬如病、伤、产假工资等。

（2）工资核算。工资的核算包括工资结算的核算和工资分配的核算。工资结算可分为工资的计算和工资的发放两个方面。通常，企业按照职工的考勤记录、工时记录、产量记录、工资等级标准、代扣各项款项等，编制"工资结算单"，计算应付给职工的工资。为了总括反映整个企业职工工资的结算情况，便于进行分类核算，企业财务会计部门应将"工资结算单"进行汇总，编制"工资结算汇总表"。企业支付工资，借记"应付职工薪酬——工资"科目，贷记"银行存款""库存现金"等科目；从应付工资中结转代扣款项，借记"应付职工薪酬——工资"科目，贷记"应交税费""其他应付款""其他应收款"等科目。

工资分配是指将企业发放的工资在月末按照用途进行分配，计入有关的成本费。通常，工资的分配先由企业各车间、部门根据工资结算凭证等编制工资费用分配表，财务会计部门再根据各车间部门的工资费用分配表进行汇总，编制"工资费用分配汇总表"，据以进行工资分配的核算。生产部门人员的职工薪酬，借记"生产成本""制造费用""劳务成本"科目，贷记"应付职工薪酬——工资"科目；应由在建工程、研发支出负担的职工薪酬，借记"在建工程""研发支出"等科目，贷记"应付职工薪酬——工资"科目；管理部门人员、销售人员的职工薪酬，借记"管理费用""销售费用"等科目，贷记"应付职工薪酬——工资"科目等。

2. 福利的核算。福利费是职工薪酬的重要组成部分，是企业对职工提供的福利，如为改善职工生活条件等从成本费用中提取的金额。根据不同的标准，福利费可分为以下几类。

（1）按其来源，福利费可分为从成本中列支和从税后利润中提取两类。从成本中列支的福利费，按属于生产工人、车间管理和技术人员、销售人员、管理人员、研发人员的福利，分别借记"生产成本""制造费用""销售费用""管理费用""研发支出"等科目，贷记"应付职工薪酬——职工福利"科目。

（2）按其性质，福利费可分为在职福利与辞退福利。企业发生的在职职工福利费支出，应当分别按受益对象据实列支。辞退福利通常采取在解除劳动关系时一次支付补偿的方式，也可以通过提高退休养老金或其他离职后的福利标准，或者将职工工资支付至辞退后未来某一期间的方式。企业因解除与职工的劳动关系给予的补偿，借记"管理费用"科目，贷记"应付职工薪酬——辞退福利"科目。

（3）按其支付方式，福利费可分为货币性福利和非货币性福利。非货币性福利可以是实物福利服务性福利、优惠性福利及有偿休假性福利等。企业以自产产品发放给职工作为职工薪酬的，借记"管理费用""生产成本""制造费用"等科目，贷记"应付职工薪酬——非货币性福利"科目；租赁住房或以自有住房无偿提供给职工使用，应当根据受益职工对象，将支付租赁住房的租金和自有住房的折旧费用分别借记"生产成本""制造费用""管理费用"等科目，贷记"应付职工薪酬——非货币性福利"科目。

3.工会经费与职工教育经费的核算。工会经费是按照国家规定，由企业负担的用于工会活动方面的经费。职工教育经费是按照国家规定，由企业负担的用于职工教育方面的经费。根据现行制度规定，工会经费和职工教育经费可按工资总额的2%和1.5%的比例提取。企业计提工会经费和职工教育经费时，按职工工资的用途进行分配，借记"管理费用"科目，贷记"应付职工薪酬——工会经费（或职工教育经费）"科目；支付工会经费和职工教育经费时，借记"应付职工薪酬——工会经费（或职工教育经费）"科目，贷记"银行存款"等科目。

4.社会保险费与住房公积金的核算。社会保险费是按国家规定，由企业和职工共同负担的费用，包括医疗保险费、养老保险费、失业保险费、工伤保险费和生育保险费五项。住房公积金是按照国家规定，由企业和职工共同负担用于解决职工住房问题的费用。应由职工个人负担的社会保险费和住房公积金，属于职工工资的组成部分，应根据职工工资的一定比例计算并在职工工资中扣除，借记"应付职工薪酬——工资"科目，贷记"其他应付款"科目。

企业按照规定提取的应由企业负担的社会保险费和住房公积金，应根据职工工资的一定比例计算，并分别按受益职工情况根据其用途进行分配，分别借记"生产成本""制造费用""管理费用""销售费用""在建工程""研发支出"等科目，贷记"应付职工薪酬——社会保险费（或住房公积金）"科目。缴纳社会保险费和住房公积金时，借记"应付职工薪酬——社会保险费（或住房公积金）""其他应付款"等科目，贷记"银行存款"科目。

六、应交税费

应交税费是指企业在生产经营过程中产生的应向国家缴纳的各种税费，包括增值税、消费税、增值税、所得税、资源税、土地增值税、城市维护建设税、房产税、土地使用税、车船使用税、教育费附加、矿产资源补偿费等。为了反映企业按照税法等规定计算应交纳的各种税费，包括企业代扣代缴的个人所得税等，企业应设置"应交税费"科目，并按应交的税费项目进行明细核算。"应交税费"期末贷方余额反映企业尚未交纳的税费；期末若为借方余额，反映企业多交或尚未抵扣的税费。

（一）应交增值税

增值税是对在我国境内销售货物、进口货物或提供加工、修理修配劳务的增值额征收的一种流转税。按照企业经营规模及会计核算的健全程度，增值税的纳税义务人可分为一般纳税人和小规模纳税人。一般纳税人的生产经营规模大、会计制度健全，能够准确核算购入货物的进项税额和销售货物的销项税额。因此，一般纳税人购入货物用于生产应税项目并符合规定的，其支付的进项税额可以抵扣销项税额。

企业应在"应交税费"科目下设置"应交增值税"二级科目，并按照应交增值税的构成内容设置以下专栏进行明细核算："进项税额"，借方栏目，反映购进货物或接受应税劳务负担的增值税；"销项税额"，贷方栏目，反映销售货物或提供应税劳务应缴纳的增值税；"出口退税"，贷方栏目，反映出口销售准予退还增值税的税额；"进项税额转出"，贷方栏目，反映货物改变用途而应转出的进项税额；"已交税金"，借方栏目，反映本月实际缴纳的增值税。

1.增值税的进项税额。增值税进项税额是指一般纳税人购进货物或接受劳务支付价款中所含的增值税额。企业支付的增值税进项税额能否在销项税额中抵扣，应视具体情况而定。准予从销项税额中抵扣的进项税额包括：（1）从销售方取得的增值税专用发票上注明的增值税额；（2）从海关取得的完税凭证上注明的增值税额；（3）购进免税农产品，按照买价和13%的扣除率计算抵扣进项税额；（4）从运输单位取得的套印全国统一监制章的货票（运费结算单据）所列运费金额和7%的扣除率计算抵扣进项税额；（5）从废旧物资回收经营单位取得的由税务机关监制的普通发票上注明的金额和10%的扣除率计算抵扣进项税额。

不得从销项税额中抵扣的进项税额包括：（1）购进固定资产；（2）用于非应税项目的购进货物或者应税劳务；（3）用于免税项目的购进货物或者应税劳务；（4）用于集体福利或者个人消费的购进货物或者应税劳务；（5）非正常损失的购进货物；（6）非正常损失的在产品、产成品所耗用的购进货物或者应税劳务。

企业采购物资等按应计入采购成本的金额，借记"材料采购"等科目，按可抵扣的增值税额，借记"应交税费——应交增值税（进项税额）"科目，按应付、实付金额，贷记"应付账款""银行存款"等科目。购入物资等发生退货时作相反会计分录。

2. 增值税的进项税额转出。企业购进货物后，如果改变了货物的用途，用于非应税项目，或者购进货物、在产品、产成品等发生了非正常损失，则这部分预计未来用于抵扣销项税的进项税额部分不准抵扣，应当从进项税额中转出，转出时借记有关科目，贷记"应交税费——应交增值税（进项税额转出）"科目。

3. 增值税的销项税额。增值税销项税额是指一般纳税人销售货物或提供劳务收取价款中所含的增值税额。销项税额的计算公式为：

$$销项税额 = 销售额（不含税） \times 税率$$

企业销售货物或者提供应税劳务，按营业收入和应收取的增值税额，借记"应收账款""应收票据""银行存款"等科目，按确认的营业收入，贷记"主营业务收入""其他业务收入"等科目，按专用发票上注明的增值税额，贷记"应交税费——应交增值税（销项税额）"科目。发生销售退回作相反的会计分录。

4. 增值税的缴纳。企业缴纳增值税时，借记"应交税费——应交增值税（已交税金）"，贷记"银行存款"。

5. 小规模纳税人应交增值税的核算。小规模纳税人是指年销售额在规定的数额以下、会计核算不健全的纳税义务人，其购进货物的进项税额不进行抵扣，而是计入购入货物的成本。小规模纳税人销售货物或提供劳务的应纳税额实行简易征收办法，按照销售额的定比例（3%）计算缴纳。

小规模纳税企业只需在"应交税费"科目下设"应交增值税"明细科目，不需要在"应交增值税"二级科目中设置上述专栏。

（二）应交消费税

消费税是对在我国境内生产、委托加工和进口应税消费品的单位和个人，按其流转额征收的一种税。消费税是在普遍征收增值税的基础上，选择烟、酒、化妆品、贵重首饰、鞭炮焰火等高档消费品，再征收一道消费税。具体计税方法包括从价定率、从量定额、从价定率与从量定额复合计算三种。消费税应纳税额的计算公式如下：

采用从价定率办法计算的应纳消费税=销售额×税率

采用从量定额办法计算的应纳消费税=销售数量×单位税额

采用复合计算办法计算的应纳税额=销售额×税率+销售数量×单位税额

企业按规定计算应交的消费税，借记"税金及附加"科目，贷记"应交税费——应交消费税"科目；实际交纳时，借记"应交税费——应交消费税"科目，贷记"银行存款"科目。

需要缴纳消费税的委托加工物资，由受托方在向委托方交货时代扣代缴消费税。税法规定，委托加工物资收回后用于连续生产的，其缴纳的消费税可以抵扣，即企业应按已由受托方代扣代缴的消费税，借记"应交税费——应交消费税"科目，贷记"银行存款"等科目；如果委托加工物资收回后直接用于出售，应将受托方代扣代缴的消费税计入委托加工物资的成本，借记"委托加工物资"科目，贷记"银行存款"等科目，在应税消费品出售时不再计算缴纳消费税。

（三）应交增值税

增值税是对从事销售货物或提供加工、修理修配劳务以及进口货物的单位和个人取得的增值额为课税对象征收的一种税。

1. 一般纳税人

对于一般纳税人而言，增值税应纳税额的计算公式为：

$$应纳税额=销项税额-进项税额$$

销项税额：是纳税人销售货物或提供应税劳务，按照销售额或应税劳务收入和规定的税率计算并向购买方收取的增值税额。计算公式为：

$$销项税额=\frac{含税销售额}{（1+税率）}×税率$$

或者，如果不含税销售额，则计算公式为：

$$销项税额=不含税销售额×税率$$

进项税额：是指纳税人购进货物或接受应税劳务所支付或负担的增值税额。这部分税额可以在销项税额中抵扣。

2. 小规模纳税人

对于小规模纳税人（包括其他个人），由于其会计核算不健全，不能准确核算销项税额、进项税额和应纳税额，因此通常采用简易计税方法计算应纳税额。计算公式为：

$$应纳税额=销售额×征收率$$

其中，销售额为含税销售额，需要换算成不含税销售额进行计算时，可以使用以下公式：

$$\text{不含税销售额} = \frac{\text{含税销售额}}{(1+\text{征收率})}$$

在实际操作中，由于小规模纳税人享受的税收优惠政策（如月销售额不超过一定额度免征增值税），可能并不需要每次都进行完整的应纳税额计算。

（四）应交城市维护建设税和教育费附加

1. 城市维护建设税。城市维护建设税，是以企业实际缴纳的增值税、消费税、增值税为计税依据而征收的一种税。城市维护建设税按市区、县城和其他地区分别设置税率为 7%、5% 和 1%。应纳税额的计算公式为：

$$\text{应纳税额} = （\text{应交增值税} + \text{应交消费税} + \text{应交增值税}）\times \text{税率}$$

企业计算应缴纳的城市维护建设税，借记"增值税金及附加"科目，贷记"应交税费"科目；实际缴纳时，借记"应交税费"科目，贷记"银行存款"科目。

2. 教育费附加。教育费附加是国家为了加快地方教育事业的发展，扩大地方教育经费的来源，按企业实际缴纳的增值税、消费税税额的 3% 征收的一种附加费。企业计算教育费附加时，借记"税金及附加"科目，贷记"应交税费"科目；实际缴纳时，借记"应交税费"科目，贷记"银行存款"科目。

（五）其他应交税费

企业按规定计算应交的房产税、土地使用税、车船使用税、矿产资源补偿费时，借记"管理费用"科目，贷记"应交税费"科目；实际缴纳时，借记"应交税费"科目，贷记"银行存款"科目。印花税直接缴纳，借记"管理费用"科目，贷记"银行存款"科目，不通过应缴税费核算。

七、其他流动负债

其他流动负债主要包括预收账款、应付利息、应付股利和其他应付款等。

（一）预收账款

预收账款是指企业按照合同规定向购货单位预收的款项。预收账款所形成的负债应由企业将来以其财产（产成品或库存商品）或提供劳务来偿还。企业应设置"预收账款"科目，并可按购货单位进行明细核算。企业向购货单位预收的款项，借记"银行存款"等科目，贷记"预收账款"科目；销售实现时，按实际的收入和应交的增值税销项税额，借记"预收账款"科目，按实现的营业收入，贷记"主营业务收入"科目，按应交的增值税，贷记"应交税费——应交增值税（销项税额）"科目。"预收账款"科目期末贷方余额反映企业预收的款项；期末如为借方余额，反映企业尚未转销的款项。预收账款不多的企业，也可不设置"预收账款"科目，预收的账款通过"应收账款"科目核算。

（二）其他应付款

其他应付款是指企业除应付票据、应付账款、预收账款、应付职工薪酬、应付利息、应付股利、应交税费等以外的其他各项应付、暂收的款项，如应付租入包装物的租金、存入保证金等。企业应设置"其他应付款"科目，并可按其他应付款的项目和对方单位（或个人）进行明细核算。企业发生的各种应付、暂收款项，借记"管理费用"等科目，贷记"其他应付款"科目；支付的其他各种应付、暂收款项，借记"其他应付款"科目，贷记"银行存款"科目。"其他应付款"科目期末贷方余额反映企业应付未付的其他应付款项。

第四节　非流动负债

非流动负债是指偿还期限在1年或1个营业周期以上的债务，主要包括长期借款、应付债券、长期应付款等。与流动负债相比，非流动负债具有偿还期限较长、金额较大、偿付本息方式多样等特点。

一、借款费用

（一）借款费用的内容

借款费用，是指企业因借款而发生的利息及其他相关成本。借款费用的内容包括：

1. 借款利息。包括企业向银行或者其他金融机构等借入资金发生的利息、发行公司债券发生的利息以及为购建或者生产符合资本化条件的资产而发生的带息债务所承担的利息等。

2. 折价或溢价的摊销。指作为利息费用调整金额的借款折价或者溢价的摊销，包括发行公司债券等所发生的折价或者溢价在每期的摊销金额。

3. 辅助费用。指为安排借款所发生的手续费、佣金、印刷费等费用。

4.外币借款汇兑差额。指由于汇率变动导致市场汇率与账面汇率出现差异,从而对外币借款本金及其利息的记账本位币金额所产生的影响金额。例如,发行公司股票属于公司股权性融资,其佣金不属于借款范畴,不应作为借款费用处理。

(二)借款费用的处理方法

借款费用的处理方法有两种:费用化和资本化。费用化,是将借款费用于发生当期确认为费用,计入当期损益,纳入当年的利润表;资本化,是将借款费用计入相关资产的成本,纳入当年的资产负债表,通过该资产价值在未来期间的分摊,分期纳入利润表。

企业会计准则规定,企业发生的借款费用可直接归属于符合资本化条件的资产的购建或者生产的,应当予以资本化,计入相关资产成本;其他借款费用,应当在发生时根据其发生额确认为费用,计入当期损益。其中,符合资本化条件的资产,是指需要经过相当长时间的购建或者生产活动才能达到预定可使用或者可销售状态的固定资产、投资性房地产和存货等资产。"相当长时间"通常是指1年及1年以上。例如,企业购入不需要安装调试即可使用的资产、购入后需要安装但安装时间较短的资产、需要建造或者生产但所需建造或者生产时间较短的资产,均不属于符合资本化条件的资产。

(三)借款费用应予以资本化的借款范围

借款费用应予以资本化的借款包括专门借款和一般借款。专门借款是指为购建或者生产符合资本化条件的资产而专门借入的款项。专门借款应当有明确的用途,通常在借款合同中标明。一般借款是指除专门借款之外的借款。

(四)借款费用资本化的开始、暂停和停止

1.借款费用资本化的开始。借款费用必须同时满足下列条件,才能开始资本化。

(1)资产支出已经发生。资产支出包括为购建或者生产符合资本化条件的资产而以支付现金、转移非现金资产或者承担带息债务形式发生的支出。例如,速达公司用银行存款购买为建设长期工程所需的物资,将自己生产的水泥用于长期工程项目建设,所述事项均属于资产支出已经发生。再如,2007年10月1日,速达公司为建设长期工程所需的物资A和物资B,分别签发了面值10000元、4个月期限的不带息商业承兑汇票和面值20000元、期限3个月、年利率6%的银行承兑汇票。其中,不带息商业承兑汇票由于在偿付前不需承担利息,也没有占用借款资金,所以,速达公司10月1日不应将10000元购买物资A款作为资产支出,只有在实际偿付债务时才确

认其资产支出已经发生，速达公司购买物资 B 时尽管没有直接支付现金但承担了带息债务，所以，应于 10 月 1 日将 20000 元的购买物资 B 款作为资产支出已经发生。

（2）借款费用已经发生。借款费用已经发生，是指企业已经发生了因购建或者生产符合资本化条件的资产而专门借入款项的借款费用或者占用一般借款的借款费用。例如，红彤公司为建造工期约为 3 年的办公楼，于 2007 年 11 月 11 日向城市商业银行借入 100 万元，当日开始计息。红彤公司应于 2007 年 11 月 11 日确认其借款费用已经发生。

（3）为了使资产达到预定可使用或者可销售状态所必要的购建或者生产活动已经开始。"购建或者生产活动"是指固定资产等的实体建造活动或存货的生产活动。例如，红彤公司上述办公楼建造已经开工建造。

2. 借款费用资本化的暂停。符合资本化条件的资产在购建或者生产过程中发生非正常中断，且中断时间连续超过 3 个月的，应当暂停借款费用的资本化。非正常中断通常是企业管理决策上的原因或者其他不可预见的原因等所导致的中断。例如，企业因施工方发生质量纠纷，或者工程、生产用料没有及时供应，或者资金周转发生了困难或者施工、生产发生了安全事故，或者发生了与资产购建、生产有关的劳动纠纷等原因，导致资产购建或者生产活动发生中断。正常中断通常仅限于因购建或者生产符合资本化条件的资产达到预定可使用或者可销售状态所必要的程序或者事先可预见的不可抗力因素导致的中断。例如，工程建造到一定阶段必须暂停下来进行质量或者安全检查，之后才可继续下一阶段的建造工作。又如，华凯公司在北方某地建造办公楼期间，因冰冻季节导致工程中断，该中断是可预见的不可抗力因素造成的，属于正常中断。在非正常中断期间发生的借款费用应当确认为费用，计入当期损益，直至资产的购建或者生产活动重新开始。正常中断期间的借款费用应当继续资本化。

3. 借款费用资本化的停止。购建或者生产符合资本化条件的资产达到预定可使用或者可销售状态时，借款费用应当停止资本化。在符合资本化条件的资产达到预定可使用或者可销售状态之后发生的借款费用，应当在发生时根据其发生额确认为费用，计入当期损益。

判断购建或者生产符合资本化条件的资产达到预定可使用或者可销售状态的标准为：（1）符合资本化条件的资产的实体建造（包括安装）或者生产工作已经全部完成或者实质上已经完成；（2）所购建或者生产的符合条件的资产与设计要求、合同规定或者生产要求相符或者基本相符，即使有极个别与设计、合同或者生产要求不相符的地方，也不影响其正常使用或者销售；（3）继续发生在所购建或者生产符合资本化条件的资产上的支出金额很少或者几乎不再发生。

购建或者生产符合资本化条件的资产需要试生产或者试运行的，在试生产结果表明资产能够正常生产出合格产品，或者试运行结果表明资产能够正常运转或者营业时，应当认为该资产已经达到预定可使用或者可销售的状态。购建或者生产的符合资本化条件的资产各部分分别完工，且每部分在其他部分继续建造过程中可供使用或者可对外销售，且为使该部分资产达到预定可使用或可销售状态所必要的购建或者生产活动实质上已经完成的，应当停止与该部分资产相关的借款费用的资本化。购建或者生产的资产的各部分分别完工，但必须等到整体完工后才可使用或者可对外销售的，应当在该资产整体完工时停止借款费用的资本化。

（五）借款费用资本化金额的确定

1. 借款利息资本化金额的确定。

（1）专门借款。为了购建或者生产符合资本化条件的资产而借入专门借款的，应当以专门借款当期实际发生的利息费用减去将尚未动用的借款资金存入银行取得的利息收入或者进行暂时性投资取得的投资收益后的金额，确定为专门借款利息费用的资本化金额。

（2）一般借款。为了购建或者生产符合资本化条件的资产占用了一般借款的，企业应当根据累计资产支出超过专门借款部分的资产支出加权平均数乘以所占用一般借款的资本化率，计算确定一般借款应予以资本化的利息金额。资本化率应当根据一般借款加权平均利率计算确定。

2. 借款辅助费用资本化金额的确定。专门借款发生的辅助费用在所购建或者生产的符合资本化条件的资产达到预定可使用或者可销售状态之前，应当在发生时根据其发生额予以资本化，计入符合资本化条件的资产的成本；在所购建或者生产的符合资本化条件的资产达到预定可使用或者可销售状态之后，应当在发生时根据其发生额确认为费用，计入当期损益。一般借款发生的辅助费用也应当按照上述原则确定其发生额并进行处理。

3. 因外币专门借款而发生的汇总差额资本化金额的确定。在资本化期间内，外币专门借款本金及利息的汇兑差额，应当予以资本化，计入符合资本化条件的资产的成本。

二、长期借款

（一）长期借款概述

长期借款是指企业从银行或其他金融机构借入的期限在1年以上（不含1年）的

各种借款。为了总括反映长期借款的增减变动等情况，企业应设置"长期借款"科目，取得长期借款记入该科目贷方，偿还长期借款记入该科目借方，期末贷方余额反映企业尚未偿还的长期借款。企业还可按贷款单位和贷款种类，分别按"本金""利息调整"等进行明细核算。

（二）长期借款核算

1. 长期借款的取得。企业借入长期借款，应按实际收到的金额借记"银行存款"科目，贷记"长期借款——本金"科目，按借贷差额，借记"长期借款——利息调整"科目。

2. 长期借款利息。资产负债表日，企业应按长期借款的摊余成本和实际利率计算确定的利息费用，借记"在建工程""财务费用""制造费用""研发支出"等科目，按借款本金和合同利率计算确定的应付未付利息，贷记"应付利息"科目，按其差额，贷记"长期借款——利息调整"科目。借款的实际利率与合同利率差异较小的，也可以采用合同利率计算确定利息费用。

3. 长期借款到期。企业归还长期借款，按归还的借款本金，借记"长期借款——本金"科目，贷记"银行存款"科目。存在利息调整余额的，借记或贷记"在建工程""财务费用""制造费用""研发支出"等科目，贷记或借记"长期借款——利息调整"科目。

三、应付债券

（一）应付债券概述

债券是企业为筹集长期资金而依照法定程序发行的、约定在一定期限内还本付息的一种有价证券。应付债券是企业发行债券筹集资金而形成的一种非流动负债。

企业对于所发行的债券应当设置备查簿，详细登记债券的票面金额、票面利率、还本付息期限与方式、发行总额、发行日期和编号、委托代售单位等资料，并于到期结清时在备查簿内注销。

债券按不同的标准有不同的分类。

1. 按是否记名，可分为记名债券和不记名债券。记名债券是指在债券上载明债券持有人的姓名；不记名债券是指在债券上不记载债权人的姓名，发行企业凭债券还本付息。

2. 按是否有财务担保，可分为抵押债券和信用债券。抵押债券是指发行企业以特定的财产作为担保品发行的债券；信用债券是指发行企业没有抵押品作担保，而凭信用发行的债券。

3. 按是否可转换为股票，可分为可转换债券和不可转换债券。可转换债券是指可按一定条件转换为发行企业普通股股票的债券；不可转换债券是指不能转换为企业普通股股票的债券。

（二）应付债券的核算

1. 债券发行。债券的发行方式有平价、溢价、折价三种，债券的发行方式与债券的票面利率和市场实际利率的大小有关。假设其他条件不变，当债券的票面利率等于市场利率时，债券可按面值（平价）发行。当债券的票面利率高于同期银行存款利率（市场利率）时，债券可按超过债券面值的价格（溢价）发行，因为溢价发行债券的企业将来应按高于市场利率的票面利率计算支付债券利息，此时，溢价是发行债券企业以后各期多付利息而事先得到的补偿。相反，如果债券的票面利率低于同期银行存款利率，债券可按低于债券面值的价格（折价）发行，因为折价发行债券的企业将来按低于市场利率的票面利率计算支付债券利息，此时，折价是发行债券企业以后各期少付利息而预先给投资者的补偿，或者说，是发行债券企业以后各期少付利息而预先付出的代价。

企业在发行债券期间收到的资金冻结在银行将产生利息收入，同时，发行过程中要发生一定的发行费用。如果发行费用大于冻结资金的利息收入，按差额，根据发行债券所筹集资金的用途分别计入财务费用或相关资产成本；如果发行费用小于冻结资金的利息收入，按差额，视同发行债券的溢价收入，在债券存续期间于提利息时摊销，分别计入财务费用或相关资产成本。为了总括反映企业为筹集（长期）资金而发行债券的本金和利息，企业应设置"应付债券"科目，企业还可按"面值""利息调整""应计利息"等进行明细核算。企业发行债券，按实际收到的金额，借记"银行存款"等科目，按债券票面金额，贷记"应付债券——面值"科目，按差额借记或贷记"应付债券——利息调整"科目。

2. 债券利息。债券存续期间，企业应按期计提债券票面利息。采用单利计息方式，各期利息的计算公式如下：

$$应计票面利息 = 债券面值 \times 票面利率$$

企业债券的溢价或折价，是整个存续期间对债券利息费用的调整，应在计算各期债券利息时，按一定的方法进行摊销。摊销的方法有直线法和实际利率法。现行使用方法为实际利率法。实际利率法是以期初债券的账面价值乘以债券发行时的实际利率，据以确定当期应确认的利息费用，再将其与当期的票面利息相比较，以两者的差额作为该期应摊销的债券折价或溢价。

资产负债表日，对于分期付息、一次还本的债券，应按摊余成本和实际利率计算确定的债券利息费用，借记"在建工程""制造费用""财务费用""研发支出"等科目，按票面利率计算确定的应付未付利息，贷记"应付利息"科目，按其差额，借记或贷记"应付债券——利息调整"科目。资产负债表日，对于一次还本付息的债券，按摊余成本和实际利率计算确定债券利息费用，借记"在建工程""制造费用""财务费用""研发支出"等科目，按票面利率计算确定的应付未付利息，贷记"应付债券——应计利息"科目，按其差额，借记或贷记"应付债券——利息调整"科目。

3.债券到期。债券到期，支付债券本息，借记"应付债券——面值""应计利息""应付利息"等科目，贷记"银行存款"等科目。同时，存在利息调整余额的，应借记或贷记"应付债券——利息调整"，贷记或借记"在建工程""制造费用""财务费用""研发支出"等科目。"应付债券"账户期末贷方余额反映企业尚未偿还的长期债券的摊余成本。

四、长期应付款

长期应付款是指企业除长期借款和应付债券以外的其他各种长期应付款项，主要包括应付融资租入固定资产的租赁款、以分期付款方式购入固定资产等发生的应付款项等。为了核算各种长期应付款，企业可设置"长期应付款"科目，并按长期应付款的种类设置明细科目。

（一）应付补偿贸易引进设备款

补偿贸易是指从国外引进设备，再用该设备生产的产品归还设备款的贸易方式。应付补偿贸易引进设备款是指企业与外商签订的补偿贸易合同中引进国外设备所发生的长期应付款项。

（二）应付融资租赁款

应付融资租赁款是指企业采用融资租赁方式租入固定资产而形成的长期负债。企业融资租入的固定资产，在租赁开始日，按租赁开始日租赁资产公允价值与最低租赁付款额现值两者中较低者，加上初始直接费用，作为租入固定资产的入账价值，借记"在建工程"或"固定资产"科目，按最低租赁付款额，贷记"长期应付款"科目，按发生的初始直接费用，贷记"银行存款"等科目，按差额，借记"未确认融资费用"科目。按期支付的租金，借记"长期应付款"科目，贷记"银行存款"科目。

第四章　收入、费用和利润

收入、费用和利润是反映企业经营成果的三大会计要素，利润表中各个具体项目正是三者的具体表现。本章内容包括所得税费用、收入的不同类型、费用确认和利润分配。

第一节　所得税费用

一、企业所得税的基础知识

企业所得税是指国家对境内企业生产、经营所得和其他所得依法征收的一种税。它是国家参与企业利润分配的重要手段。[①]

（一）企业所得税的主要特点

第一，企业所得税征收的多少受企业效益好坏的影响。企业所得税的征税对象是境内企业实现的应纳税所得额，即总收入扣除总成本费用后的净所得额。所得多者多征，所得少者少征，无所得者不征，而所得的多少，则表明一个企业经济效益的好坏，因而企业的经济效益直接影响企业所得税的多少。

第二，税收负担比较合理。企业所得税采用比例税率，其税收负担与负担能力相适应，体现了合理负担的原则。

第三，税法对税基的约束力强。企业应纳税所得额的计算应严格按照《中华人民共和国企业所得税法实施条例》及其他有关规定进行，如果企业的财务会计处理办法与国家税收法规相抵触，则应当按照税法的规定计算纳税。这一规定弥补了原来税法服从于财务制度的缺陷，有利于保护税基，维护国家利益。

---

① 黄慧，杨扬. 财务会计 [M]. 上海：上海社会科学院出版社，2018.

第四，收入及时均衡。企业所得税征收方式一般采用分期预征、年终汇算清缴的办法。由于所得额与纳税人的财务结算期有关，一般是按月或按季预缴，年终汇总清算，保证了稳定的财政收入。

（二）纳税人的一般规定、特殊规定与征税范围

在中华人民共和国境内，企业和其他取得收入的组织（以下统称企业）为企业所得税的纳税人，依照《企业所得税法》的规定缴纳企业所得税。个人独资企业、合伙企业不适用《企业所得税法》。

企业全部或部分被个人、其他企业、单位承租经营，但是未改变被承租企业的名称，未变更工商登记，并仍然以被承租企业名义对外从事生产经营活动，不论被承租企业与承租方如何分配经营成果，均以被承租企业为纳税义务人；企业全部或部分被个人、其他企业、单位承租经营，承租方承租后重新办理工商登记，并以承租方名义对外从事生产经营活动，其承租经营所得，应以重新办理工商登记的企业、单位为纳税义务人。

企业所得税的征税范围是纳税人源于中国境内外的生产、经营所得和其他所得。为此，可将应纳税所得额分为两类。

（1）生产、经营所得，是指纳税人从事主营业务活动取得的收入，包括从事物质生产、交通运输、商品流通、劳务服务以及经国务院财政部门确认的其他营利事业取得的所得。

（2）其他所得，是指股息、利息、租金、转让各类资产、特许权使用费以及营业外收益等所得。

（三）税率、征收方法、纳税年度与地点

按照现行企业所得税条例规定，企业所得税基本税率为25%；非居民企业适用税率为20%；符合条件的小型微利企业适用税率为20%；国家需要重点扶持的高新技术企业适用税率为15%。

企业所得税可以就地缴纳，也可以集中缴纳。采用集中缴纳所得税的，应当报经国家税务总局批准。企业纳税年度一般与公历年度一致，即自每年公历1月1日起至12月31日止。纳税人在一个纳税年度中间开业，或者由于合并、关闭等原因，使该纳税年度的实际经营期不足12个月的，应当以其实际经营期为一个纳税年度。纳税人清算时，应当以清算期间作为一个纳税年度。企业所得税实行按年计算，分月或分季预缴，年终汇算清缴，多退少补的征纳方法。具体纳税期限由主管税务机关根据纳税人应纳税额的多少予以核定。

二、企业所得税的计税依据

企业所得税的计税依据是企业的应纳税所得额，即企业每一纳税年度的收入总额减去准予扣除项目后的余额。应纳税所得额的计算以权责发生制原则为基础，按税法规定的程序和标准确定，其计算公式为：

应纳税所得额 = 收入总额 – 准予扣除项目金额

（一）收入总额的确定

收入总额是指企业在生产经营活动中以及其他行为取得的各项收入的总和，包括纳税人来自中国境内、境外的生产经营收入和其他收入。

1. 收入总额的规定。企业以货币形式和非货币形式从各种来源取得的收入，为收入总额，包括以下几项。

（1）销售货物收入。企业销售商品、产品、原材料、包装物、低值易耗品以及其他存货取得的收入，按权责发生制确认收入。

（2）提供劳务收入。企业从事建筑安装、修理修配、交通运输、仓储租赁、金融保险、邮电通信、咨询经纪、文化体育、科学研究、技术服务、教育培训、餐饮住宿、中介代理、卫生保健、社区服务、旅游、娱乐、加工以及其他劳务服务活动取得的收入，按权责发生制确认收入。

（3）转让财产收入。包括转让固定资产、有价证券、股权以及其他财产而取得的收入，按权责发生制确认收入。

（4）股息、红利等权益性投资收益。企业因权益性投资从被投资方取得的收入。股息、红利等权益性投资收益，除国务院财政、税务主管部门另有规定外，按照被投资方做出利润分配决定的日期确认收入的实现。

（5）利息收入。企业将资金提供他人使用但不构成权益性投资，或者因他人占用企业资金取得的收入，包括存款利息、贷款利息、债券利息、欠款利息等收入。按合同规定的债务人应付利息的日期确认收入的实现。

（6）租金收入。按合同规定的承租人应付租金的日期确认收入的实现。

（7）特许权使用费收入。纳税人提供或者转让无形资产的使用权而取得的收入。按合同规定应付特许权使用费的日期确认收入的实现。

（8）接受捐赠收入。实际收到捐赠资产时确认收入的实现。

（9）其他收入。包括固定资产盘盈收入、罚款收入、因债权人缘故确实无法支付的应付款项、物资及现金的溢余收入、教育费附加返回款、包装物押金收入以及其他收入。

2. 特殊收入的确认。

（1）以分期收款方式销售货物的，按合同约定的收款日期确认收入的实现。

（2）企业受托加工制造大型机械设备、船舶、飞机以及从事建筑安装、装配工程或者提供其他劳务等，持续时间超过 12 个月的，按纳税年度内完工进度或者完成的工作量确认收入的实现。

（3）采取产品分成方式取得收入的，按企业分得产品的日期确认收入的实现，其收入额按产品的公允价值确定。

（4）企业发生的非货币性资产交换以及将货物、财产、劳务用于捐赠、偿债、赞助、广告、样品、职工福利或者利润分配等用途的，应当视同销售货物、转让财产或者提供劳务，计算收入。视同销售行为包括：企业将自产或委托加工的货物用于非应税项目；企业将自产、委托加工或购买的货物作为投资；企业将自产、委托加工的货物用于集体福利、个人消费等；企业将自产、委托加工或购买的货物无偿赠送他人。

3. 不征税收入的情形。

（1）财政拨款。

（2）依法收取并纳入财政管理的行政事业性收费、政府性基金。

（3）国务院规定的其他不征税收入。

4. 免税收入的情形。

（1）国债利息收入。纳税人购买国债的利息收入，不计入应纳税所得额；纳税人购买国家重点建设债券和金融债券的利息收入，应计入应纳税所得额。

（2）符合条件的居民企业之间的股息、红利等权益性投资收益。

（3）在中国境内设立机构、场所的非居民企业从居民企业取得与该机构、场所有实际联系的股息、红利等权益性投资收益（不包括连续持有居民企业公开发行并上市流通的股票不足 12 个月取得的投资收益）。

（4）符合条件的非营利组织的收入（不包括非营利组织从事营利性活动取得的收入）。

（二）准予扣除的项目

在计算应纳税所得额时准予从收入额中扣除的项目，是指纳税人每一纳税年度发生的与取得应纳税收入有关的所有必要和正常的成本、费用、税金和损失。

1. 准予扣除项目。纳税年度企业实际发生的与取得收入有关的、合理的支出，包括成本、费用、税金、损失和其他支出。

（1）成本。企业在生产经营活动中发生的销售成本、销货成本、业务支出以及其他耗费。

（2）费用。企业每个纳税年度为生产、经营商品和提供劳务等所发生的销售（经营）费用、管理费用和财务费用，已计入成本的有关费用除外。

（3）税金。企业发生的除企业所得税和允许抵扣的增值税以外的企业缴纳的各项税金及其附加，即企业按规定缴纳的消费税、城市维护建设税、关税、资源税、土地增值税、房产税、车船税、土地使用税、印花税、教育费附加等产品销售税金及附加。

（4）损失。企业在生产经营活动中发生的固定资产和存货的盘亏、毁损、报废损失及转让财产损失、呆账损失、坏账损失、自然灾害等不可抗力因素造成的损失和其他损失。

（5）扣除的其他支出。除成本、费用、税金、损失外，企业在生产经营活动中发生的与生产经营活动有关的、合理的支出。

2.准予扣除项目的一般标准。

（1）工资、薪金。企业发生的合理的工资、薪金支出准予据实扣除。包括基本工资、奖金、津贴、补贴、年终加薪、加班工资，以及与任职或者受雇有关的其他支出。

（2）职工福利费、工会经费、职工教育经费。按标准扣除，未超过标准的按实际数扣除，超过标准的只能按标准扣除。企业实际发生的职工福利费支出，不超过工资薪金总额的14%的部分准予扣除。企业拨缴的工会经费，不超过工资薪金总额的2%的部分准予扣除。企业发生的职工教育经费支出，不超过工资薪金总额的2.5%的部分准予扣除，超过的部分准予结转以后纳税年度扣除。

（3）保险费。企业按国务院有关主管部门或省级人民政府规定的范围和标准为职工缴纳的"五险一金"，即基本养老保险费、基本医疗保险费、失业保险费、工伤保险费、生育保险费等基本社会保险费和住房公积金，准予扣除。

企业为员工支付的补充养老保险费、补充医疗保险费准予扣除，按规定为特殊工种职工支付的人身安全保险费，在国务院财政、税务主管部门规定的范围和标准内，准予扣除。

企业参加财产保险，按规定缴纳的保险费准予扣除。

企业为职工支付的商业保险费不得扣除。

（4）利息费用。企业向金融机构的借款利息支出、企业经批准发行债券的利息支出可据实扣除。

企业向非金融机构的借款利息支出，不超过按金融企业同期同类贷款利率计算的数额的部分可据实扣除,超过的部分不得扣除。

(5)借款费用。非资本化借款费用准予扣除。

企业为购置、建造固定资产、无形资产和经过12个月以上的建造才能达到预定可销售状态的存货发生借款的,在有关资产购置建造期间发生的合理的借款费用,应予以资本化,作为资本性支出计入有关资产的成本;有关资产交付使用后发生的借款利息,可在发生当期扣除。

(6)业务招待费。按发生额的60%扣除,但最高不得超过当年销售(营业)收入的5‰。

(7)广告费和业务宣传费。广告,是通过工商部门批准的专门机构制作的,已实际支付费用并取得相应发票,通过一定的媒体传播。

企业发生的符合规定条件的广告费和业务宣传费支出,不超过当年销售(营业)收入15%的部分,准予扣除;超过的部分,准予结转以后纳税年度扣除。

(8)环境保护专项资金。按有关规定提取的用于环境保护、生态恢复等专项基金,准予扣除,但改变资金用途的不得扣除。

(9)保险费。企业参加财产保险,按规定缴纳的保险费,准予扣除。

(10)租赁费。经营租赁方式的租赁费按租赁期限均匀扣除;融资租赁方式租入的租赁费不得扣除,但按期提取折旧的费用可分期扣除。

(11)劳保费。合理的劳动保护支出,准予扣除。

(12)公益性捐赠支出。公益性捐赠,是指企业通过公益性社会团体或者县级以上人民政府及其部门,用于《中华人民共和国公益事业捐赠法》规定的公益事业的捐赠。

企业发生的公益性捐赠支出,在年度利润总额12%以内的部分,准予在计算应纳税所得额时扣除。公式为:

公益性捐赠扣除限额 = 年度利润总额(会计利润)× 12%

(13)有关资产费用的扣除。企业转让各类固定资产发生的费用,准予扣除;企业按规定计算的固定资产的折旧费、无形资产和递延资产的摊销费,准予扣除。

(14)总机构分摊的费用。非居民企业在中国境内设立的机构场所,就其中国境外总机构发生的与该机构场所生产经营有关的费用,能够提供总机构出具的费用汇集范围、定额、分配依据和方法等证明文件并合理分摊的,准予扣除。

(15)资产损失。企业当期发生的固定资产盘亏、毁损净损失,由其提供清查盘存资料经主管税务机关审核后,准予扣除。企业因存货盘亏、毁损、报废等原因不得从销项税金中抵扣的进项税金,应视同企业财产损失,准予与存货损失一起在所得税前按规定扣除。

（16）其他费用。会员费、会议费、差旅费、违约金、诉讼费等，准予扣除。

3. 不得扣除项目。

（1）向投资者支付的股息、红利等权益性投资收益款项。

（2）企业所得税税款。

（3）税收滞纳金。纳税人因违反税法规定，被处以的滞纳金（每天万分之五），不得扣除。

（4）罚金、罚款和被没收财物的损失。行政性罚款，不得扣除。但纳税人逾期归还银行贷款，银行按规定加收的罚息，不属于行政性罚款，允许在税前扣除。

（5）企业发生的公益性捐赠支出，在年度利润总额12%以外的捐赠支出。

（6）赞助支出。

（7）未经核定的准备金支出。

（8）企业之间支付的管理费、企业内营业机构之间支付的租金和特许权使用费以及非银行企业内营业机构之间支付的利息。

（9）与取得收入无关的其他支出。

4. 年度亏损弥补。纳税人发生年度亏损的，可以用下一纳税年度的所得弥补；下一纳税年度的所得不足以弥补的，可以逐年延续弥补，但是延续弥补期最长不得超过5年。5年内不论是盈利或亏损，都作为实际弥补期限计算。

这里的"亏损"，是税务机关按税法规定核实调整后的金额，不是企业财务报表中反映的亏损额。如果连续发生年度亏损，也必须从第一个亏损年度算起，先亏先补，按顺序连续计算亏损弥补期，不得将每个亏损年度的连续弥补期相加，更不得断开计算。企业境外业务之间（企业境外业务在同一国家）的盈亏可以互相弥补，但企业境内外之间的盈亏不得相互弥补。

三、企业所得税的计算

财务会计和税收分别遵循不同的原则，服务不同的对象，以达到不同的目的。财务会计核算是为了真实、完整地反映企业的财务状况、经营成果以及现金流量，为相关利益者提供与决策有用的经济信息。税法是以课税为目的，依照有关的税收法规，确定一定时期内纳税人应缴纳的税额。财务会计制度与税收法规的区别在于确认收益实现和费用扣减的时间以及费用的可扣减性。由于财务会计是按照企业会计准则和企业会计制度对资产、负债、收益、费用和利润等进行核算的，而税法是按照税收法规确认资产、负债、收益、费用和利润等，因此，按照财务会计方法计算的利润与按照税法规定计算的应税所得之间往往存在一定的差异。

（一）税前会计利润与应纳税所得额的差异

1. 税前会计利润与应纳税所得额的永久性差异。永久性差异，是指某一会计期间由于会计准则和税法在计算收益、费用或损失时的口径不同所产生的税前会计利润与应纳税所得额之间的差异，永久性差异有以下几种类型。

（1）按会计准则规定核算时作为收益计入会计报表，在计算应纳税所得额时不确认为收益。如技术转让收益（高等院校全部、企业30万元以下）；治理"三废"收益；国库券利息收入（国债经国务院、财政部、国家税务总局批准取得的补贴收入等）。

（2）按会计准则规定核算时不作为收益计入会计报表，在计算应纳税所得额时确认为收益，需要缴纳所得税。例如，将自产的商品用于固定资产工程、对外捐赠；售后回购、售后租回等。

（3）按会计准则规定核算时确认为费用或损失，在计算应纳税所得额时则不允许扣减。

超过规定标准项目：工资支出、职工福利、职工教育经费、工会经费、利息支出、业务招待费、公益救济性捐赠等。

不允许扣除项目：违法经营罚款和被没收财务损失，税收滞纳金、罚金、罚款，非公益救济性捐赠，各种赞助支出，未使用的房屋建筑物以外的固定资产计提的折旧费等。

（4）按会计准则规定核算时不确认为费用或损失，在计算应纳税所得额时则允许扣减。例如，盈利企业技术开发费用的加计扣除等。

上述永久性差异中，第1、3两项影响税前会计利润的计算而不影响应纳税所得额的计算，第2、4两项则相反；另外，第1、4两项会使税前会计利润大于应纳税所得额，而第2、3两项则使税前会计利润小于应纳税所得额。

2. 税前会计利润与应纳税所得额的时间性差异。时间性差异，是指税法与会计准则在确认收益、费用或损失时的时间不同而产生税前会计利润与应纳税所得额之间的差异。时间性差异主要有以下几种类型。

（1）企业取得的某项收益，在会计报表上确认为当期收益，但按照税法规定需待以后期间确认为应纳税所得额。例如，会计上采用权益法核算时，年末确认的投资收益。

（2）企业发生的某项费用或损失，在会计报表上确认为当期费用或损失，但按照税法规定需待以后期间从应纳税所得额中扣减。例如，会计上计提的"产品保修费"、计提各项资产减值准备等。

（3）企业取得的某项收益，在会计报表上于以后期间确认为收益，但按照税法规定需计入当期应纳税所得额。

（4）企业发生的某项费用或损失，在会计报表上于以后期间确认为费用或损失，但按照税法规定可以从当期应纳税所得额中扣除。

上述时间性差异中，第1、4两项属于应纳税时间性差异，即将增加未来应纳税所得额的时间性差异；第2、3两项属于可抵扣时间性差异，即将减少未来应纳税所得额的时间性差异。

（二）应纳税额的计算公式

根据上述分析，应纳税所得额计算公式概括如下：

应纳税所得额 = 会计利润 ± 永久性差异 + 本期形成的可抵扣时间性差异 − 本期形成的应纳税时间性差异 − 本期转回可抵扣时间性差异 + 本期转回应纳税时间性差异

应纳税额 = 应纳税所得额 × 税率

四、企业所得税的申报和缴纳

（一）企业所得税的纳税申报

企业所得税纳税申报分为月季报和年报，企业应在税法或主管税务机关规定的期限内进行纳税申报，提交纳税申报表和同期财务会计报表。

1. 企业所得税月季报。

（1）企业所得税月季报方式。企业所得税月季报方式主要有直接申报和网上申报两种方式。

直接申报方式：采用直接申报方式的企业应填写企业所得税月季报表，持该表、会计报表及税务机关要求报送的其他资料，到主管税务机关办理申报手续。

网上申报方式：采用网上申报方式的企业应按照税务机关规定的方式进入税务机关网站的纳税申报系统，填写企业所得税月季报表和会计报表，通过互联网进行纳税申报。

（2）企业所得税月季报表。企业所得税月季报表因企业征收办法不同而使用不同的申报表。查账征收企业适用《企业所得税预缴纳税申报表》，查定征收企业和定额征收企业适用《企业所得税纳税申报表》。本书仅就常用的查账征收企业适用的《企业所得税预缴纳税申报表》的填写做说明。预缴所得税有三种方式：据实预缴、按照上一纳税年度应纳税所得额的平均额预缴、按照税务机关确定的其他方法预缴。据实预缴，即按照企业当季利润进行预缴，此种方式用得较多。

2. 企业所得税年报。纳税年度终了后，企业应在 5 个月内进行企业所得税的汇算清缴，填报企业所得税年度纳税申报表。

企业所得税年报一般采用直接申报方式，但有的税务机关要求企业同时提交电子报表，填写电子报表的软件由税务机关提供。

（二）企业所得税的缴纳

企业所得税按年计征，分月或者分季预缴，年终汇算清缴，多退少补。

自年度终了之日起 5 个月内，企业向税务机关报送年度企业所得税纳税申报表，并汇算清缴，结清应缴应退税款。

企业在年度中间终止经营活动的，应当自实际经营终止之日起 60 日内，向税务机关办理当期企业所得税汇算清缴。

按月或按季预缴的，应当自月份或者季度终了之日起 15 日内，向税务机关报送预缴企业所得税纳税申报表，预缴税款。企业在报送企业所得税纳税申报表时，应当按照规定附送财务会计报告和其他有关资料。企业在纳税年度内无论盈利或者亏损，都应当依照《中华人民共和国企业所得税法》第五十四条规定的期限，向税务机关报送预缴企业所得税纳税申报表、年度企业所得税纳税申报表、财务会计报告和税务机关规定应当报送的其他有关资料。

第二节　收入的不同类型

一、销售商品收入

（一）销售商品收入的确认标准

以控制权转移替代风险报酬转移作为收入确认时点的判断标准：企业应当在履行合同中的履约任务，即在客户取得相关商品控制权时确认收入。取得相关商品控制权，是指能够主导该商品的使用并从中获得几乎全部的经济利益。[①]

当企业与客户之间的合同同时满足下列条件时，企业应当在客户取得相关商品控制权时确认收入。

---

① 吴育湘，杜敏.财务会计[M].镇江：江苏大学出版社，2018.

1. 合同各方已批准该合同并承诺将履行各自义务。

2. 该合同明确了合同各方与所转让商品或提供劳务（以下简称转让商品）相关的权利和义务。

3. 该合同有明确的与所转让商品相关的支付条款。

4. 该合同具有商业实质，即履行该合同将改变企业未来现金流量的风险、时间分布或金额。

5. 企业因向客户转让商品而有权取得的对价很可能收回。在合同开始日即满足前述条件的合同，企业在后续期间无须对其进行重新评估，除非有迹象表明相关事实和情况发生重大变化。合同开始日通常是指合同生效日。

在合同开始日不符合本准则第五条规定的合同，企业应当对其进行持续评估，并在其满足本准则第五条规定时，按照该条的规定进行会计处理。

对于不符合本准则第五条规定的合同，企业只有在不再负有向客户转让商品的剩余义务，且已向客户收取的对价无须退还时，才能将已收取的对价确认为收入；否则，应当将已收取的对价作为负债进行会计处理。没有商业实质的非货币性资产交换，不确认收入。

（二）销售商品收入的计量

企业销售商品收入满足收入确认条件时，应当按照已收或应收合同或协议价款的公允价值确定销售商品收入的金额，已收或应收的合同或协议价款显失公允的除外。

购货方已收或应收的合同或协议价款，通常为公允价值。

应收的合同或协议价款与其公允价值相差较大的，应按照应收的合同或协议价款的公允价值确定销售商品收入金额，应收的合同或协议价款与其公允价值之间的差额，应当在合同或协议期间内采用实际利率法进行摊销，计入当期损益。

在某些情况下，合同或协议明确规定销售商品需要延期收取款项，如分期收款销售商品，实质上具有融资性质的，应当按照应收的合同或协议价款的现值确定其公允价值。应收的合同或协议价款与其公允价值之间的差额，应当在合同或协议期间内，按照应收款项的摊余成本和实际利率计算确定的摊销金额，冲减财务费用。

销售商品涉及商业折扣的，应当按照扣除商业折扣后的金额来确认销售商品收入金额。

销售商品涉及现金折扣的，应当按照扣除现金折扣前的金额来确认销售商品收入金额。现金折扣在实际发生时计入当期损益。

企业已经确认销售商品收入的售出商品发生销售折让的，应当在发生时冲减当期销售商品收入。销售折让属于资产负债表日后事项的，适用资产负债表日后事项会计准则。

企业已经确认销售商品收入的售出商品发生销售退回的，应当在发生时，冲减当期的销售商品收入。销售退回属于资产负债表日后事项的，适用资产负债表日后事项会计准则。

总之，企业在确定销售商品收入时，不考虑各种预计可能发生的现金折扣、销售折让和销售退回。现金折扣在实际发生时计入发生当期财务费用，销售折让和销售退回在实际发生时作为当期销售收入的减项。

（三）销售商品收入的会计处理

销售商品业务主要是指企业以取得货币性资产方式的商品销售，它是制造企业和商品流通企业的主要经营业务。

企业应设置"主营业务收入"科目核算企业销售商品主营业务的收入。本科目可按主营业务的种类进行明细核算。期末，应将"主营业务收入"科目的余额转入"本年利润"科目，结转后本科目无余额。

不仅如此，企业还应当设置"主营业务成本"科目核算企业确认销售商品收入实现时应结转的成本。本科目可按主营业务的种类进行明细核算。期末，应将"主营业务成本"科目的余额转入"本年利润"科目，结转后本科目无余额。

1. 一般销售商品业务。企业销售商品符合收入确认条件的，应在收入确认时，按确定的收入金额与应收取的增值税，借记"银行存款""应收账款""应收票据"等科目；按确认的收入金额，贷记"主营业务收入"科目；按应收取的增值税，贷记"应交税费——应交增值税（销项税额）"科目。

企业销售商品，在销售商品收入实现时或月份终了，结算已销商品的实际成本，借记"主营业务成本"科目，贷记"库存商品"等科目。

2. 销售商品涉及商业折扣、现金折扣和销售折让业务。

（1）销售商品涉及商业折扣业务的会计处理。商业折扣，是指企业为促进商品销售而在商品标价上给予的价格扣除。

企业销售商品涉及商业折扣的，应当按照扣除商业折扣后的金额来确认销售商品收入金额，不需另做账务处理。

（2）销售商品涉及现金折扣业务的会计处理。现金折扣，是指债权人为鼓励债务人在规定的期限内付款而向债务人提供的债务扣除。

（3）销售商品涉及销售折让业务的会计处理。销售折让，是指企业因售出商品的质量不合格等原因而在售价上给予的减让。

企业已经确认销售商品收入的售出商品发生销售折让的，应当在发生时冲减当期销售商品收入。销售折让属于资产负债表日后事项的，适用资产负债表日后事项会计准则。

企业将商品销售后，如购货方发现商品在质量、规格等方面不符合要求，可能要求销货方在价格上给予一定的减让。销售折让应在实际发生时冲减当期的收入。发生销售折让时，按规定允许扣减当期的销项税额，应同时用红字冲减"应交税费——应交增值税（销项税额）"科目。

3. 销售商品涉及销售退回业务。销售退回是指企业售出的商品由于质量、品种不符合要求等原因而发生的退货。销售商品涉及销售退回业务，企业应按不同情况进行会计处理。

（1）尚未确认销售收入的销货退回。销售退回可能发生在企业确认收入之前，这种处理比较简单，只需将已记入"发出商品"科目的商品成本转回"库存商品"科目。

（2）已确认收入实现的销货退回。例如，企业销售商品收入确认后，又发生销售退回的，不论是当年销售的还是以前年度销售的，一般均应冲减退回当月的销售收入，同时冲减退回当月的销售成本；企业发生销售退回时，按规定允许扣减当月销项税额，应同时用红字冲减"应交税费——应交增值税（销项税额）"科目。

（3）报告年度或以前年度售出的商品，在资产负债表日至财务报告批准报出日之间发生的退回。这种情况应作为资产负债表日后发生的调整事项，冲减报告年度的收入、成本和税金；如果该项销售在资产负债表日及之前已发生现金折扣或销售折让的，还应同时冲减报告年度相关的折扣、折让。

4. 销售商品不符合收入确认条件。如果企业售出的商品不符合销售收入确认的五个条件中的任何一条，均不应确认收入。对于企业未满足收入确认条件但已经发出商品的实际成本（或进价）或计划成本（或售价），企业应设置"发出商品"科目进行核算。本科目可按购货单位、商品类别和品种进行明细核算。"发出商品"科目期末借方余额，反映企业发出商品的实际成本（或进价）或计划成本（或售价）。

（四）特殊销售商品业务

在企业会计实务中，可能遇到一些特殊的销售商品业务，在将销售商品收入确认和计量原则运用于特殊销售商品收入的会计处理时，应结合这些特殊销售商品交易的形式，并注重交易的实质。

1. 代销商品业务。代销商品是委托方委托受托方代售商品的销售方式，代销商品通常有"视同买断"和"收取手续费"代销两种方式。

（1）视同买断方式代销商品。视同买断方式是指由委托方和受托方签订协议，委托方按协议价格收取委托代销商品的货款，实际售价可由受托方自定，实际售价与协议价之间的差额归受托方所有的销售方式。

如果委托方和受托方之间的协议明确标明，受托方在取得代销商品后，无论是否卖出、是否获利，均与委托方无关，此种代销商品交易，与委托方直接销售商品给受托方没有实质性的区别。在符合销售商品收入确认条件时，委托方应确认相关销售商品收入。

如果委托方和受托方之间的协议明确标明，将来受托方在没有将商品售出时可以将商品退回委托方，或受托方因代销商品出现亏损时可以要求委托方补偿，那么，委托方在交付商品时不确认收入，受托方也不作为购进商品进行处理；受托方将商品销售后，按实际售价确认销售收入，并向委托方开具代销清单，委托方收到代销清单时，再确认本企业的销售收入。

（2）收手续费方式代销商品。收手续费方式，是受托方根据所代销的商品数量向委托方收取手续费的方式。对于受托方来说，收取的手续费实际上是一种劳务收入。

在这种代销方式下，委托方发出商品时，商品所有权上的主要风险和报酬未转移给受托方，因此，委托方在发出商品时通常不应确认销售商品收入，而应在收到受托方开出的代销清单时确认销售商品收入；受托方应在商品销售后，按合同或协议约定的方法计算确定的手续费确认收入。

2. 订货或预收款销售商品。订货销售，是指已收到全部或部分货款，而库存没有现货，需要通过制造等程序才能将商品交付购货方的销售方式。在这种方式下，企业通常在发出商品时确认收入实现，在此之前预收的货款应确认为负债。

预收款销售商品，是指购买方在商品尚未收到前按合同或协议约定分期付款，销售方在收到最后一笔款项时才交货的销售方式。在这种方式下，企业通常在发出商品时确认收入实现，在此之前预收的货款应确认为负债。企业向客户预收销售商品款项的，应当首先将该款项确认为负债，待履行相关履约义务时再转为收入。当企业预收款项无须退回，且客户可能会放弃其全部或部分合同权利时，企业预期将有权获得与客户所放弃的合同权利相关的金额的，应当按照客户行使合同权利的模式按比例将上述金额确认为收入；否则，企业只有在客户要求其履行剩余履约任务的可能性极低时，才能将上述负债的相关余额转为收入。

3. 具有融资性质的递延方式分期收款销售商品。对于采用递延方式分期收款（通常为超过3年）、具有融资性质的销售商品满足收入确认条件的，企业按应收合同或协议价款公允价值确定收入金额,借记"长期应收款"科目;按应收合同或协议价款的公允价值(折现值),贷记"主营业务收入"科目;按其差额,贷记"未实现融资收益"科目。应收的合同或协议价款与其公允价值之间的差额,应当在合同或协议期间内,按照应收款项摊余成本和实际利率计算确定的摊销金额,冲减财务费用。

4. 附有销售退回条件的销售。附有销售退回条件的销售,需同时确认退货权资产及预期退款负债。

对于附有销售退回条款的销售,企业应当在客户取得相关商品控制权时,按照应向客户转让商品而预期有权收取的对价金额(不包含预期因销售退回将退还的金额)确认收入,按照预期因销售退回将退还的金额确认负债;同时,按照预期将退回商品转让时的账面价值,扣除收回该商品预计发生的成本(包括退回商品的价值减损)后的余额,确认为一项资产,按照所转让商品转让时的账面价值,扣除上述资产成本的净额结转成本。

每一资产负债表日,企业都应当重新估计未来销售退回情况,如有变化,应当作为会计估计变更进行会计处理。在这种销售方式下,如果企业能够按照以往的经验对退货的可能性做出合理估计,应在发出商品后,按估计不会发生退货的部分确认收入,估计可能发生退货的部分,不确认收入;如果企业不能合理地确定退货的可能性,则在所售商品的退货期满时确认收入。

5. 售后回购。售后回购,是指企业销售商品的同时承诺或有权选择日后再将该商品(包括相同或几乎相同的商品,或以该商品作为组成部分的商品)购回的销售方式。

对于售后回购交易,企业应当区分下列两种情形分别进行会计处理。

(1)企业因存在与客户的远期安排而负有回购义务或企业享有回购权利的,表明客户在销售时点并未取得相关商品控制权,企业应当作为租赁交易或融资交易进行相应的会计处理。其中,回购价格低于原售价的,应当视为租赁交易,按照《企业会计准则第21号——租赁》的相关规定进行会计处理;回购价格不低于原售价的,应当视为融资交易,在收到客户款项时确认金融负债,并将该款项和回购价格的差额在回购期间内确认为利息费用等。企业到期未行使回购权利的,应当在该回购权利到期时终止确认金融负债,同时确认收入。

(2)企业负有应客户要求回购商品义务的,应当在合同开始日评估客户是否具有行使该要求权的重大经济动因,客户具有行使该要求权重大经济动因的,企业应当将售后回购作为租赁交易或融资交易。

6. 售后租回。售后租回,是指销售商品的同时,销售方同意在日后再将同样的商品租回的销售方式。

在这种方式下,销售方应根据合同或协议条款,判断企业是否已将商品所有权上的主要风险和报酬转移给购货方,以判断是否确认销售商品收入。

在大多数情况下,售后租回属于融资交易,企业不应确认销售商品收入,收到的款项应确认为负债,售价与资产账面价值之间的差额应分别不同情况进行会计处理。

(1)售后租回交易认定为融资租赁。如果售后租回交易认定为融资租赁的,资产售价与其账面价值之间的差额应当予以递延,并按照该项租赁资产的折旧进度进行分摊,作为折旧费用的调整。

(2)售后租回交易认定为经营租赁。如果售后租回交易认定为经营租赁的,资产售价与其账面价值之间的差额应当予以递延,并在租赁期内按照与确认租金费用一致的方法进行分摊,作为租金费用的调整。但是,有确凿证据表明认定为经营租赁的售后租回交易是按照公允价值达成的,销售的商品按售价确认收入,并按账面价值结转成本。

7. 以旧换新的商品销售。以旧换新销售,是指销售方在销售商品的同时回收与所售商品相同的旧商品。在这种销售方式下,销售的商品应当按照销售商品收入确认条件确认收入,回收的旧商品作为购进商品进行处理。

二、提供劳务收入

(一)提供劳务收入的确认与计量

企业提供劳务收入的确认和计量,应该按照在资产负债表日提供劳务交易的结果能否可靠估计进行。

1. 提供劳务交易结果能够可靠估计情形。企业在资产负债表日提供劳务交易的结果能够可靠估计的,应当按照完工百分比法确认提供劳务收入。完工百分比法,是指按照提供劳务交易的完工进度确认收入与费用的方法。提供劳务交易的结果能够可靠估计,是指同时具备以下条件。

(1)收入的金额能够可靠地计量。收入的金额能够可靠地计量,企业应当按照从接受劳务方已收或应收的合同或协议价款确定提供劳务收入总额,已收或应收的合同或协议价款显失公允的除外。已收或应收的合同或协议价款可能随着劳务的不断提供,根据实际情况增加或减少,此时,企业应及时调整提供劳务收入的总额。

(2)相关的经济利益很可能流入企业。相关的经济利益很可能流入企业,是指提供劳务收入总额收回的可能性大于不能收回的可能性。

通常情况下,企业提供劳务符合合同或协议要求,接受劳务方承诺付款,就表明提供劳务收入总额收回的可能性大于不能收回的可能性。如果企业提供劳务收入总额不是很可能流入企业，应当提供确凿的证据。

（3）交易的完工进度能够可靠确定。企业确定提供劳务交易的完工进度，可以选用的方法有：①已完成工作的测量；②已经提供的劳务占应提供的劳务总量的比例；③已发生的成本占估计总成本的比例。

（4）交易中已发生的和将发生的成本能够可靠地计量。交易中已发生的和将发生的成本能够可靠地计量，是指交易中已发生的和将发生的成本能够可靠地估计，企业应当随着劳务的不断提供或外部情况的不断变化，随时对将要发生的成本加以修订。

企业应当在资产负债表日按提供劳务收入总额乘以完工进度扣除以前会计期间累计已确认提供劳务收入后的金额，确认当期提供劳务收入；同时，按照提供劳务总成本乘以完工进度扣除以前会计期间累计已确认提供劳务成本后的金额，确认当期提供劳务成本。

2. 提供劳务交易结果不能可靠估计情形。企业在资产负债表日提供劳务交易结果不能可靠估计的，应当分别下列情况处理。

（1）已经发生的劳务成本预计能够得到补偿，应按已经发生的劳务成本金额确认收入，并按相同金额结转成本。

（2）已经发生的劳务成本预计只能部分得到补偿的，应当按照能够得到补偿的劳务成本金额确认收入，并按已经发生的劳务成本结转劳务成本。

（3）已经发生的成本预计全部不能够得到补偿的，应当将已经发生的劳务成本计入当期损益，不确认提供劳务收入。

3. 销售商品和提供劳务的混合劳务。企业与其他企业签订的合同或协议包括销售商品和提供劳务时，销售商品部分和提供劳务部分能够区分且能够单独计量的，将提供劳务的部分作为提供劳务处理。

销售商品部分和提供劳务部分不能区分的，或虽能区分但不能够单独计量的，应当将销售商品部分和提供劳务部分全部作为销售商品处理。

4. 特殊劳务交易的确认条件。下列提供劳务满足收入确认条件的，应按规定确认收入。

（1）安装费，在资产负债表日根据安装的完工进度确认收入。《中华人民共和国企业所得税法》有规定：安装工作是商品销售附带条件的，安装费在确认商品销售实现时确认收入。

（2）宣传媒介的收费，在相关的广告或商业行为开始出现于公众面前时确认收入。广告的制作费，在资产负债表日根据制作广告的完工进度确认收入。

（3）为特定客户开发软件的收费，在资产负债表日根据开发的完工进度确认收入。

（4）包括在商品售价内可区分的服务费，在提供服务的期间内分期确认收入。

（5）艺术表演、招待宴会和其他特殊活动的收费，在相关活动发生时确认收入。收费涉及几项活动的，预收的款项应合理分配给每项活动，分别确认收入。

（6）申请入会费和会员费只允许取得会籍，所有其他服务和商品都要另行收费的，在款项收回不存在重大不确定性时确认收入。申请入会费和会员费能使会员在会员期内得到各种服务或商品，或者以低于非会员的价格销售商品或提供劳务的，在整个收益期内分期确认收入。

（7）属于提供设备和其他有形资产的特许权费，在交付资产或转移资产所有权时确认收入；属于提供初始及后续服务的特许权费，在提供服务时确认收入。

（8）长期为客户提供重复的劳务收取的劳务费，在相关劳务活动期间发生时确认收入。

（二）提供劳务收入的会计处理

企业提供劳务的收入可能在劳务完成时确认，也可能按完工百分比法等确认。

劳务收入在确认时，应按确定的收入金额借记"应收账款""预收账款""银行存款"等科目，贷记"主营业务收入""其他业务收入"科目；发生成本费用支出时，借记"劳务成本"科目，贷记"原材料""应付职工薪酬""银行存款"等科目；结转提供劳务成本时，借记"主营业务成本""其他业务成本"等科目，贷记"劳务成本"科目。"劳务成本"科目期末借方余额，反映企业尚未完成或尚未结转的劳务成本。

三、让渡资产使用权收入

让渡资产使用权收入包括利息收入（金融企业对外贷款形成的利息收入等）、使用费收入（企业转让资产的使用权形成的使用费收入），企业对外出租资产收取的租金、进行债权投资收取的利息、进行股权投资取得的现金股利，也属于让渡资产使用权形成的收入。

（一）让渡资产使用权收入的确认与计量

1. 让渡资产使用权收入的确认条件。让渡资产使用权收入同时满足下列条件的，才能予以确认。

（1）相关的经济利益很可能流入企业。相关的经济利益很可能流入企业，是任何交易均应遵循的一项重要原则，企业应根据对方的信誉情况、当年的效益情况以及双方就结算方式、付款期限等达成的协议等方面进行判断。如果企业估计收入收回的可能性不大，就不应确认收入。

（2）收入的金额能够可靠计量。当企业让渡资产使用权收入的金额能够可靠地计量时，才能进行确认。

2. 让渡资产使用权收入的计量情况。

企业应当分别下列情况确定让渡资产使用权收入金额。

（1）利息收入金额。按照他人使用本企业货币资金的时间和实际利率计算确定。

（2）使用费收入金额。按照有关合同或协议约定的收费时间和方法计算确定。

（二）让渡资产使用权收入的会计处理

1. 利息收入的会计处理。企业在资产负债表日，按照他人使用本企业货币资金的时间和实际利率计算并确认利息收入，借记"应收利息""贷款""银行存款"等科目，贷记"其他业务收入""利息收入"等科目。

2. 使用费收入的核算。使用费收入应按有关合同或协议规定的收费时间和方法确认。不同的使用费收入，其收费时间和收费方法各不相同，有一次收回一笔固定的金额的，有在协议规定的有效期内分期等额收回的，有分期不等额收回的，等等。

如果合同、协议规定一次性收取使用费，且不提供后期服务的，应视同销售该项资产一次性确认收入；如提供后期服务的，应在合同、协议规定的有效期内分期确认收入。如合同规定分期收取使用费的，应按合同规定的收款时间和金额或合同规定的收费方法计算确定的金额分期确认收入。

使用费收入在确认时，应按确定的收入金额借记"应收账款""银行存款"等科目，贷记"其他业务收入"或"主营业务收入"科目；发生的有关费用支出，借记"其他业务成本""主营业务成本""税金及附加"等科目，贷记"银行存款""应交税费"等科目。

第三节 费用确认和利润分配

一、费用确认

费用有广义和狭义之分。广义的费用泛指企业各种日常活动发生的所有耗费；狭义的费用仅指与本期营业收入相配比的那部分耗费。费用应按照权责发生制和配比原则来确认，凡应属于本期发生的费用，不论其款项是否支付，均确认为本期费用；反之，不属于本期发生的费用，即使其款项已在本期支付，也不确认为本期费用。[①]

在确认费用时，一是应当划分生产费用与非生产费用的界限。生产费用是指与企业日常生产经营活动有关的费用，如生产产品所发生的原材料费用、人工费用等；非生产费用是指不属于生产费用的费用，如用于购建固定资产所发生的费用，就不属于生产费用。二是应当分清生产费用与产品成本的界限。生产费用与一定的期间相联系，而与生产的产品无关；产品成本与一定品种和数量的产品相联系，而不论发生在哪一期。三是应当分清生产费用与期间费用的界限。生产费用应当计入产品成本；而期间费用则直接计入当期损益。

在确认费用时，对于确认为期间费用的费用，必须进一步划分为管理费用、销售费用和财务费用；对于确认为生产费用的费用，必须根据该费用发生的实际情况分别以不同的费用性质将其确认为不同产品所负担的费用；对于几种产品共同发生的费用，必须按受益原则，采用一定的方法和程序将其分配计入相关产品的生产成本。当产品销售实现，并发出相应商品或劳务，产品的生产成本即确认为当期营业成本。

二、利润分配

利润分配，是指企业税后净利润的分配，是企业利润总额（税前会计利润）减去所得税费用后的净额分配。

（一）利润分配的程序与核算内容

企业本年实现的净利润加上年初未分配利润（或减去年初未弥补亏损）和其他转入后的余额，作为可供分配的利润。企业利润分配的程序和核算内容如下：

[①] 黄慧，杨扬. 财务会计 [M]. 上海：上海社会科学院出版社，2018.

1. 提取法定盈余公积。法定盈余公积按照税后净利润（减弥补亏损）的10%提取，当企业的法定盈余公积达到注册资本的50%时，可不再提取。

2. 向投资者分配利润或股利。企业可供分配的利润减去提取的法定盈余公积后，为可供投资者分配的利润。可供投资者分配的利润按下列顺序分配。

①应付优先股股利；②提取任意盈余公积；③应付普通股股利；④转作股本的股利。

企业当年可供分配的利润按规定顺序分配后，作为留待以后年度进行分配的未分配利润。

（二）利润分配的核算

1. "利润分配"科目设置。企业设置"利润分配"科目，核算利润分配（或亏损的弥补）和历年分配（或弥补）后的余额。本科目应当分别"提取法定盈余公积""提取任意盈余公积""应付现金股利或利润""转作股本的股利""盈余公积补亏""未分配利润"等进行明细核算。"利润分配"科目年末余额，反映了企业的未分配利润（或未弥补亏损）。

2. 利润分配的会计处理。企业按规定提取的盈余公积，借记"利润分配——提取法定盈余公积/提取任意盈余公积"科目，贷记"盈余公积——法定盈余公积/任意盈余公积"科目。

经股东大会或类似机构决议，分配给股东或投资者的现金股利或利润，借记"利润分配——应付现金股利或利润"科目，贷记"应付股利"科目。

用盈余公积弥补亏损，借记"盈余公积——法定盈余公积（或任意盈余公积）"科目，贷记"利润分配——盈余公积补亏"科目。

年度终了，企业应将本年实现的净利润，自"本年利润"科目转入"利润分配——未分配利润"科目，贷记"本年利润"科目，为净亏损的做相反的分录；同时，将"利润分配"所属其他明细科目的余额，转入"利润分配——未分配利润"科目，结转后，"利润分配"科目除"未分配利润"明细科目外，其他明细科目应无余额。

第五章　资金往来核算

应收及预付款项，是指企业在日常生产经营过程中发生的各种债权，包括应收票据、应收账款、其他应收款、预付账款、应收股利、应收利息等。

第一节　应收票据与应收账款

一、应收票据

（一）应收票据概述

1. 应收票据的概念。应收票据是指企业因销售商品、提供劳务等而收到的商业汇票。商业汇票是由出票人签发的、委托付款人在指定日期无条件支付确定金额给收款人或持票据人的票据。签发、使用商业汇票应以交易双方的商品购销业务为基础。我国现行法律规定，商业汇票的付款期限最长不超过 6 个月，因此，在会计实务中，应收票据是一种流动资产。

2. 商业汇票的分类。商业汇票可以按不同的标准进行分类。按照票据是否带息，分为带息商业汇票和不带息商业汇票两种。不带息商业汇票，是指商业汇票到期时，承兑人只按票面金额向收款人或被背书人支付款项的票据；带息商业汇票，是指商业汇票到期时，承兑人应按票面金额加上按票面金额、票面利率、票据期限计算的利息向收款人或被背书人支付票款的票据。商业汇票按照票据承兑人不同，分为银行承兑汇票和商业承兑汇票两类。承兑是指汇票付款人承诺在汇票到期日支付汇票金额的票据行为。银行承兑汇票的承兑人为承兑申请人的开户银行，承兑银行对承兑的票据负有到期无条件支付款项给收款人或被背书人的义务。企业申请使用银行承兑汇票时，应按票面金额的万分之五向其承兑银行支付手续费，并于汇票到期日前将票款足额交存其承兑银行；否则，承兑银行凭票向持票人无条件付款的同时，将对出票人尚未支付的汇票金额按照每天万分之五计收利息。商业承兑汇票的承兑人为付款人。付款人收到其开户银行的付款通知，应在当日通知该银行付款。付款人在收到付款通知的次日起 3 日内（法定节假日顺延）未通知其开户银行付款，视同付款人同意付款，其开户银行将于付款人接到付款通知日的次日起第四日（法定节假日顺延）将票款划给持票人。如果此时付款人存款账户余额不足以支付，付款人开户银行应填制付款人未付票款通知书连同商业承兑汇票，通过持票人开户银行转交持票人，付款人开户行不负责付款，由购销双方自行处理。

3. 商业汇票到期日的确定。商业汇票的要素包括出票日期、票面金额、出票人、收款人、票面利率、票据期限等。商业汇票的持票人在票据的到期日可向票据的承兑人收取票据款，商业汇票的到期日根据出票日及票据的期限确定。汇票的期限一般有定期和定日两种表示方法。其中，定期付款的汇票自出票日起按月计算，不考虑各月份实际天数的多少，统一按次月对日为整月计算，即以到期月份中与出票日相同的那一天为到期日。例如，3 月 30 日签发期限为 3 个月的汇票，到期日为 6 月 30 日；1 月 28 日签发期限为 1 个月的汇票，到期日为 2 月 28 日；在月末签发的汇票，若到期月份为小月的，以到期月份最后一天为到期日。例如，1 月 29 日、30 日、31 日签发的期限为 1 个月的汇票，到期日均为 2 月 28 日（闰年则为 2 月 29 日）。定日付款的汇票自出票日起，按票据的实际天数计算。计算时出票日和到期日只能计算其中的一天，即"算头不算尾"（或"算尾不算头"）。例如，3 月 5 日签发期限为 60 天的商业汇票，到期日为 5 月 4 日。

（二）应收票据的核算

在我国，仅存在短期应收票据，因此，企业收到的商业汇票一般按票据面值计价入账。

为了反映和监督应收票据的取得、贴现、收回等业务，企业应设置"应收票据"科目，借方登记取得的商业汇票的面值，贷方登记贴现或到期收回的商业汇票的票面金额，余额在借方，反映企业持有的商业汇票的票面金额。本科目可按开出、承兑商业汇票的单位进行明细核算。另外，企业还应设置专门的"应收票据备查簿"，逐笔登记商业汇票的种类、号数、出票日、票面金额、交易合同号、付款人、承兑人、背书人的姓名或单位名称、到期日、背书转让日、贴现日、贴现率、贴现净额、收款日、收回金额、退票情况、到期结清票款或退票的注销等内容。

1. 应收票据的取得。企业因销售商品、提供劳务而收到商业汇票时，按商业汇票的票面金额，借记"应收票据"科目，按确认的收入，贷记"主营业务收入"等科目，按应交的增值税，贷记"应交税费——应交增值税（销项税额）"科目。

2. 应收票据的到期。商业汇票到期时，按实际收到的金额（到期值），借记"银行存款"科目，按商业汇票的票面金额，贷记"应收票据"，按差额，贷记"财务费用"科目。商业汇票的到期值，是指票据到期应收的票款额。票据到期值计算公式为：

$$票据到期值 = 票据面值 + 应收票据利息$$

不带息票据的应收票据利息为零，所以到期值即为票据面值；带息票据的到期值，为票据的面值加上应收票据到期利息的合计数。

票据利息的计算公式为：

$$应收票据利息 = 应收票据面值 \times 票面利率 \times 计息期限$$

其中，票面利率一般以年利率表示，计息期限是指商业汇票自签发日至计算日的时间间隔，可按月或日来表示。因此，在计算应收票据利息时应注意单位的统一，即将年利率换算为月利率或日利率。换算公式为：

$$月利率 = 年利率 / 12$$

$$日利率 = 年利率 / 360$$

为了计算方便，通常将一年按 360 天计。

一般来说，银行承兑汇票到期时能够及时收回票款。商业承兑汇票则视付款人账户资金是否足额而分为两种情况：一种是付款人足额支付票款；另一种是付款人账户资金不足，付款人无力支付票款，银行退票，由收付款人自行处理。此时，应将商业承兑汇票的票面金额转入"应收账款"科目。

3. 应收票据的转让。企业可以将持有的商业汇票背书转让。背书，是指在票据背面或者粘贴单上记载有关事项并签章的票据行为。背书人将持有的商业汇票背书转让以取得所需物资，借记"材料采购""原材料""库存商品""应交税费"等科目，按票据的面值，贷记"应收票据"科目。

企业应将背书转让的商业汇票在备查簿中予以登记，并于票据到期付款人如期付款时在备查簿中予以注销。如果付款人到期无力支付，背书人则要负连带付款责任。

4. 应收票据的贴现。贴现是指票据持有人将未到期的票据在背书后转让给银行，由银行扣除规定的贴现利息后，支付给票据贴现人相当于票据到期值扣除贴现利息后的余额（贴现净额）款项的一种融资行为。

$$贴现息 = 票据到期值 \times 贴现率 \times 贴现期$$

公式中，"贴现率"是指银行规定的贴现利率，一般按年表示，计算贴现息时通常应按一年 12 个月或一年 360 天将其换算为月贴现率或日贴现率；"贴现期"是指贴现日至票据到期日的时间间隔。计算贴现期时，贴现日和票据到期日只能算一天，即"算头不算尾"或"算尾不算头"。

$$贴现净额 = 票据到期值 - 贴现息$$

企业持票据向银行办理贴现，应根据银行盖章退回的贴现凭证第四联收账通知为依据，编制会计分录。在我国，银行承兑汇票贴现的业务基本上不存在到期不能收回票款的风险，所以，企业应将银行承兑汇票贴现视为不带追索权的商业汇票贴现业务，按金融资产终止确认原则处理。企业办理银行承兑汇票贴现，按实际收到的金额，借记"银行存款"科目，按商业汇票的票面金额，贷记"应收票据"，按差额，借记或贷记"财务费用"科目。

商业承兑汇票贴现存在票据到期不能收回票款的风险，企业将商业承兑汇票贴现是一种带追索权的票据贴现业务，贴现企业因背书而在法律上对票据到期无法收回的票据款负有连带偿还责任，是企业的一种负债，且该负债直至贴现的票据到期由贴现银行收到票据款后方可解除。因此，将商业承兑汇票贴现后，不符合金额资产终止确认的条件，不能冲销应收票据账户金额。企业办理商业承兑汇票贴现，按实际收到的金额，借记"银行存款"科目，按商业汇票的票面金额，贷记"短期借款"科目，按差额，借记或贷记"财务费用"科目。

贴现的商业汇票到期，付款人如期足额付款，如果是银行承兑汇票，企业不需进行账务处理；如果是商业承兑汇票，企业应按票据的票面金额，借记"短期借款"科目，贷记"应收票据"科目。

贴现的商业承兑汇票到期，付款人无力支付票款，贴现企业负有连带付款责任，支付给办理贴现的银行票据到期值，同时，再与付款人协商处理。按票据到期值，借记"应收账款"科目，贷记"银行存款"科目；同时，按票据票面金额借记"短期借款"科目，贷记"应收票据"科目。

二、应收账款

（一）应收账款概述

1.应收账款的概念。应收账款是指企业因销售产品、提供劳务等经营活动应收取的款项，包括企业销售产品、提供劳务的价款、增值税款以及代购货方垫付的运杂费等。应收账款属于短期债权，列为流动资产，因此，它不包括超过1年的应收分期销货款；应收账款属于商业信用债权，因此，它不包括应收股利、应收利息、其他应收款等非商业信用债权。

2.应收账款的计价。一般情况下，应收账款按实际发生额计价入账。企业实行的商业折扣、现金折扣、销货退回与折让等销售政策制度，对应收账款的入账金额将造成一定的影响。

（1）商业折扣。商业折扣是指销货企业为了促销而对商品价目单的价格给予一定的折扣。商业折扣可用百分比来表示，如10%、20%等。企业应按扣除商业折扣后的实际成交价格作为应收账款的入账金额，商业折扣对会计核算不产生任何影响。例如，某一商品标价1000元，给予10%的折扣，则实际售价为900元，销售该商品应确认的应收账款和销售收入均为900元。

（2）现金折扣。现金折扣，是指销货企业为了鼓励客户在一定期限内及早偿还货款，对销售价格给予的一定比率的折扣优惠。现金折扣通常表示为"2/10, n/50"（信用期限50天如果在10天内付款,可享受2%的现金折扣; 如果在10天后至50天内付款, 则应按全额付款）。对于销货方来说，提供现金折扣有利于提前收回货款，加速资金周转。对于购货方来说，提前还款可享受一定比率的销售价格的扣减，相当于得到一笔理财收入。

现金折扣的会计处理方法有两种：一是净价法；二是总价法。

采用净价法，销货方按扣除现金折扣后的净额确认销售收入和应收账款。购货方放弃的现金折扣冲减财务费用。

采用总价法，销货方按扣除现金折扣前的实际售价全额入账。发生现金折扣，作为理财费用的增加，计入财务费用。

在我国会计实务中，现金折扣采用总价法进行核算。

（3）销货退回与折让。销货退回，是指企业销售商品后，由于商品的品种、规格、质量等与购销合同不一致，购货方退回商品的现象。销货折让，是指企业销售商品后，由于商品的品种、规格、质量等与购销合同不一致，应购货方要求在价格上给予减让的现象。企业发生销货退回和折让，根据红字发票直接冲减主营业务收入和相应的应交增值税。

（二）应收账款的核算

为了及时反映应收账款的增减变动及其结存情况，应设置"应收账款"科目，用以核算企业因销售商品、提供劳务等经营活动应收取的款项，并按债务人进行明细核算。

企业发生应收账款，按应收金额借记本科目，按确认的营业收入，贷记"主营业务收入"等科目，按应缴纳的增值税额贷记"应交税费——应交增值税（销项税额）"科目。收回应收账款借记"银行存款"等科目，贷记本科目。代购货单位垫付的包装费、运杂费借记本科目，贷记"银行存款"等科目；收回代垫费用时，借记"银行存款"科目，贷记本科目。

不单独设置"预收账款"科目的企业，其预收的账款也可通过"应收账款"科目进行核算。

本科目期末借方余额反映企业尚未收回的应收账款，期末贷方余额反映企业预收的账款。

第二节　应收股利与应收利息

一、应收股利的账务处理

应收股利是指企业收取的现金股利和应收取其他单位分配的利润。为了反映和监督应收股利的增减变动及其结存情况，企业应设置"应收股利"科目。"应收股利"科目的借方登记应收股利的增加，贷方登记收到的现金股利或利润，期末余额一般在借方，反映企业尚未收到的现金股利或利润。

企业在持有以公允价值计量且变动计入当期损益的金融资产（交易性金融资产）期间，被投资单位宣告发放现金股利，按应享有的份额，确认为当期投资收益，借记"应收股利"科目，贷记"投资收益"科目。企业在持有长期股权投资期间，被投资单位宣告发放现金股利或利润，按应享有的份额，借记"应收股利"科目，贷记科目应区分两种情况：对于采用成本法核算的长期股权投资，贷记"投资收益"科目；对于采用权益法核算的长期股权投资贷记"长期股权投资—损益调整"科目。

需要说明的是，企业取得以公允价值计量且变动计入当期损益的金融资产（主要为交易性金融资产）、长期股权投资等资产，如果实际支付的价款中包含有已宣告但尚未分派的现金股利或利润，不单独作为应收股利加以处理，即不需要借记"应收股利"科目，而是直接计入相关资产的成本或初始确认金额。具体账务处理如下。

（一）被投资单位宣告分配现金股利时

借：应收股利
　　贷：投资收益（交易性金融资产持有期间收益、长期股权投资按成本法核算的收益）

长期股权投资——损益调整（长期股权投资按权益法核算的收益）

（二）实际收到现金股利时

借：其他货币资金——存出投资款（上市公司）
　　银行存款（非上市公司）
　　贷：应收股利

二、应收利息的账务处理

应收利息是指企业根据合同或协议规定向债务人收取的利息。为了反映和监督应收利息的增减变动及其结存情况，企业应设置"应收利息"科目。"应收利息"科目的借方登记应收利息的增加，贷方登记收到的利息，期末余额一般在借方，反映企业尚未收到的利息。具体账务处理如下。

（一）确认应收取的利息时

借：应收利息
　　贷：投资收益

（二）实际收到应收利息时

借：银行存款
　　贷：应收利息

第三节　应收款项减值与其他应收款

一、应收款项减值

坏账（或称为应收款项减值），是指企业由于某种原因而不能收回的应收款项。由于发生坏账而造成的损失称为坏账损失（或称为应收款项减值损失）。坏账损失可通过"资产减值损失"科目进行核算。坏账的核算方法有两种：一是直接转销法；二是备抵法。

（一）直接转销法

直接转销法，是指在日常核算中对应收款项可能发生的坏账损失不予以考虑，在实际发生坏账时，直接冲销应收款项，并确认坏账损失。即在发生坏账时，借记"资产减值损失"科目，贷记"应收账款""应收票据"等科目。

直接转销法的优点是账务处理简单，缺点是不符合权责发生制的要求和谨慎原则要求，其结果将导致日常核算损益不实、应收款项虚增，歪曲了企业期末的财务状况。

（二）备抵法

备抵法，是指采用一定的方法按期估计坏账损失，计入当期损益，同时建立坏账准备，在实际发生坏账时，冲销已计提的坏账准备和相应的应收款项。

1. 备抵法的账务处理。采用备抵法核算，应设置"坏账准备"科目，并可按应收款项的类别进行明细核算。

资产负债日，应收款项发生减值的按应减记的金额借记"资产减值损失"科目，贷记本科目。本期应计提的坏账准备大于其账面余额的，应按其差额计提；应计提的坏账准备小于其账面余额的差额，借记本科目，贷记"资产减值损失"科目。

对于确实无法收回的应收款项，经批准作为坏账处理的，借记本科目，贷记"应收账款""应收票据""其他应收款"等科目。

已确认并转销的应收款项以后又收回，按实际收回金额，借记"应收账款"等科目，贷记本科目，同时借记"银行存款"科目，贷记"应收账款"等科目；也可以按照实际收回的金额，借记"银行存款"科目，贷记本科目。本科目期末贷方余额反映企业已计提但尚未转销的坏账准备。

2. 坏账损失的估计方法。估计坏账损失的方法主要有以下几种。

（1）销货百分比法。销货百分比法，是指以赊销金额的一定百分比估计坏账损失的方法。一般来说，赊销业务越多，赊销金额越大，发生坏账的可能性就越大，产生坏账的损失就越大。企业可根据以往的经验估计坏账损失占赊销金额的比率，根据该比率估计各期赊销金额中可能发生的坏账损失的金额。

（2）余额百分比法。余额百分比法，是指按应收款项余额的一定比例计算坏账损失的方法。采用这种方法，企业应根据每期坏账损失占应收款项期末余额的经验比例和该期期末应收款项余额，确定坏账损失的金额。

（3）账龄分析法。账龄分析法，是指根据应收款项账龄的长短来估计坏账损失的方法。账龄是指客户欠账的时间。采用这种方法，是按账龄的长短以不同的百分比分别估计其可能发生的坏账损失。一般来说，账龄越长，产生坏账的可能性就越大，其估计的百分比就越高。

账龄分析法的步骤：第一步，对应收款项按账龄的长短进行分类；第二步，对各账龄应收款项确定不同的估计坏账率；第三步，计算各账龄应收款项的坏账金额；第四步，将各账龄应收款项估计坏账金额相加，得到全部应收款项的估计坏账金额。

根据企业会计准则的有关规定，企业应当在资产负债表日对应收款项的账面价值进行检查，有客观证据表明，该应收款项发生减值的，应当将该应收款项的账面价值减记至预计未来现金流量的现值，计提坏账准备，减记的金额确认为资产减值损失，计入当期损益。

一般企业对应收款项进行减值测试，应根据本单位的实际情况分为单项金额重大和单项金额非重大的应收款项。对于单项金额重大的应收款项，应当单独进行减值测试，有客观证据表明其发生减值的，应当根据其未来现金流量现值低于其账面价值的差额确认减值损失，计提坏账准备。对于单项金额非重大的应收款项可以单独进行减值测试确定减值损失，计提坏账准备也可以与经单独测试后未减值的应收款项一起，采用组合方式进行减值测试。具体做法是：将这些应收款项按类似信用风险特征划分为若干组合，再按这些应收款项组合在资产负债表日余额的一定比例，计算确定减值损失，计提坏账准备。

企业应以以前年度与之相同或类似的、具有类似信用风险特征的应收款项组合的实际损失率为基础，结合现时情况，确定本期各项组合计提坏账准备的比例。

二、其他应收款

其他应收款是指除存出保证金（金融企业）买入返售金额资产、应收票据、应收账款、预付账款、应收股利、应收利息、应收代位追偿款、应收分保合同准备金、长期应收款等以外的其他各种应收及暂付款项。主要包括：（1）备用金；（2）应收出租包装物租金；（3）应向职工收取的各种代垫款；（4）存出保证金，如租入包装物支付的押金等；（5）应收的各种赔款、罚款；（6）其他各种应收、暂付款项。

其他应收款不包括应在"其他货币资金"科目核算的企业拨出用于投资、购买物资的各种款项。

为了及时反映和监督企业其他应收款的增减与结存情况，企业应设置"其他应收款"科目，并按对方单位或个人进行明细核算。企业发生其他各种应收、暂付款项时，借记本科目，贷记"银行存款""固定资产清理"等科目；收回或转销各种款项时，借记"库存现金""银行存款"等科目，贷记本科目。期末借方余额反映企业尚未收回的其他应收款项。

备用金是指企业内部各科室、车间、部门因经营业务的需要而周转使用的货币资金。备用金分为定额备用金和非定额备用金两种。不同形式的备用金有不同的会计处理方法。

定额备用金，是指企业用款部门和人员按定额持有的备用金。企业根据使用部门和人员的实际需要核定备用金定额，并由财务部门按定额将备用金拨付给用款部门和人员周转使用。用款部门按规定用途使用后报销，由财务部门根据报销数用现金补足备用金定额。

非定额备用金，是指企业用款部门和人员不按固定定额持有的备用金。具体做法是由财务部门根据实际需要预付给用款单位和人员一定数额的备用金。财务部门在用款单位和人员按规定用途使用后报销时，同时注销该项债权。

第四节　预付账款

预付账款是指企业按照合同规定，预付给供应单位的款项。为了及时反映预付账款的支出和结算情况，应设置"预付账款"科目，并按供应单位设置明细账进行明细核算。企业因购货而预付的款项借记本科目，贷记"银行存款"等科目。收到所购物资，按应计入购入物资成本的金额，借记"材料采购""原材料""库存商品"等科目，按应支付的金额，贷记本科目；补付的款项，借记本科目，贷记"银行存款"等科目；退回多付的款项，借记"银行存款"等科目，贷记本科目。

企业预付在建工程的工程价款，借记本科目，贷记"银行存款"等科目。按工程进度结算工程价款，借记"在建工程"科目，贷记本科目及"银行存款"等科目。

"预付账款"科目期末借方余额，反映企业预付的款项；期末贷方余额，反映企业尚未补付的款项。

预付业务不多的企业，可以不设置"预付账款"科目，将预付的款项直接记入"应付账款"科目。

第六章 所有者权益

从法学的视角来看，所有者权益实际上是一种以企业所有权凭证的持有者为权利主体，以企业为权利客体，以企业所有权凭证持有者对企业的占有权、使用权、收益权和处分权为权利内容的所有权。

第一节 所有者权益概述

一、所有者权益的概念及特征

（一）所有者权益的概念

所有者权益是指企业资产扣除负债后由所有者享有的剩余权益，包括实收资本或股本资本公积、盈余公积和未分配利润，在股份制企业又称为股东权益。所有者权益是企业投资人对企业净资产的所有权。它受总资产和总负债变动的影响而发生增减变动。所有者权益包含所有者以其出资额的比例分享的企业利润。与此同时，所有者也必须以其出资额承担企业的经营风险。所有者权益还意味着所有者有法定的管理企业和委托他人管理企业的权利。

（二）所有者权益的特征

企业的所有者和债权人均是企业资金的提供者，因而所有者权益和负债（债权人权益）二者均是对企业资产的要求权，但二者之间又存在着明显的区别。主要的区别如下。

所有者权益：①性质不同；②权利不同；③偿还期限不同；④风险不同；⑤计量不同。

对所有者权益的理解：①所有者权益产生于权益性投资行为；②所有者权益滞后于债权人权益；③所有者权益没有固定的偿还期限和偿还金额；④所有者权益具有比债权人权益更大的风险。

所有者权益与债权人权益比较，一般具有以下四个基本特征。

（1）所有者权益在企业经营期内可供企业长期、持续地使用，企业不必向投资人返还资本金；而负债则须按期返还债权人，成为企业的负担。

（2）企业所有人凭其对企业投入的资本，享受税后分配利润的权利。所有者权益是企业分配税后净利润的主要依据；而债权人除按规定取得利息外，无权分配企业的盈利。

（3）企业所有人有权行使企业的经营管理权，或者授权管理人员行使经营管理权，但债权人并没有经营管理权。

（4）企业的所有者对企业的债务和亏损负有无限的责任或有限的责任；而债权人与企业的其他债务不发生关系，一般也不承担企业的亏损。

二、所有者权益的核算内容

我国《企业会计准则》规定："所有者权益的来源包括所有者投入的资本、直接计入所有者权益的利得和损失、留存收益等，通常由实收资本（股本）、资本公积、其他综合收益、盈余公积和未分配利润构成。"

所有者投入的资本是指所有者投入企业的资本部分，它既包括构成企业注册资本或者股本部分的金额，也包括投入资本超过注册资本或者股本部分的金额，即资本溢价或股本溢价。

直接计入所有者权益的利得和损失，是指不应计入当期损益、会导致所有者权益发生增减变动的、与所有者投入资本或者向所有者分配利润无关的利得或损失。其中，利得是指由企业非日常活动所形成的、会导致企业所有者权益增加的、与所有者投入资本无关的经济利益的流入；损失是指由企业非日常活动所形成的、会导致企业所有者权益减少的、与向所有者分配利润无关的经济利益的流出。

留存收益是企业历年实现的净利润留存于企业的部分，主要包括累计计提的盈余公积和未分配利润。

第二节 实收资本与资本公积

一、实收资本

(一) 实收资本概述

我国有关法律规定，投资者设立企业首先必须投入资本。《企业法人登记管理条例》规定，企业申请开业，必须具备国家规定的与其生产经营和服务规模相适应的资金。为了反映和监督投资者投入资本的增减变动情况，企业必须按照国家统一的会计制度的规定进行实收资本的核算，真实地反映所有者投入企业资本的状况，维护所有者各方面在企业的权益。除股份有限公司以外，其他各类企业应通过"实收资本"科目核算，股份有限公司应通过"股本"科目核算。企业收到所有者投入企业的资本后，应根据有关原始凭证（如投资清单、银行通知单等）分别按不同的出资方式进行会计处理。

(二) 实收资本的账务处理

1. 接受现金资产投资。

（1）股份有限公司以外的企业接受现金资产投资。

借：银行存款（实际收到的款项）

　　贷：实收资本（出资者在注册资本中占有的份额）

资本公积——资本溢价（差额）

（2）股份有限公司接受现金资产投资。

①收到发行收入。

借：银行存款（股数×价格）

　　贷：股本（股数×面值）

资本公积——股本溢价 [股数×（价格-面值）]

②发行费用的处理。股份有限公司发行股票支付的手续费、佣金等发行费用，股票溢价发行的，从发行股票的溢价中抵扣；股票发行没有溢价或溢价金额不足以支付发行费用的部分，应将不足支付的发行费用冲减"盈余公积""利润分配——未分配利润"等科目。

2. 接受非现金资产投资。企业接受投资者作价投入的非现金资产，应按投资合同或协议约定价值确定入账价值（但投资合同或协议约定价值不公允的除外）和在注册资本中应享有的份额。

对于投资合同或协议约定的价值（不公允的除外）超过其在注册资本中所占份额的部分，应当计入资本公积。

《中华人民共和国公司法》规定，股东可以用货币出资，也可以用实物、知识产权、土地使用权等可以用货币估价并可以依法转让的非货币财产作价出资；但是，法律、行政法规规定不得作为出资的财产除外。对作为出资的非货币财产应当评估作价，核实财产，不得高估或者低估作价。法律、行政法规对评估作价有规定的，从其规定。不论以何种方式出资，投资者如在投资过程中违反投资合约，不按规定如期缴足出资额，企业可以依法追究投资者的违约责任。

企业接受非现金资产投资时，应按投资合同或协议约定价值确定非现金资产价值（但投资合同或协议约定价值不公允的除外）和在注册资本中应享有的份额。

（1）接受投入固定资产。企业接受投资者作价投入的房屋、建筑物、机器设备等固定资产，应按投资合同或协议约定价值确定固定资产价值（但投资合同或协议约定价值不公允的除外）和在注册资本中应享有的份额。

（2）接受投入材料物资。企业接受投资者作价投入的材料物资，应按投资合同或协议约定价值确定材料物资价值（但投资合同或协议约定价值不公允的除外）和在注册资本中应享有的份额。

（3）接受投入无形资产。企业收到以无形资产方式投入的资本，应按投资合同或协议约定价值确定无形资产价值（但投资合同或协议约定价值不公允的除外）和在注册资本中应享有的份额。

3. 实收资本（或股本）的增减变动。一般情况下，企业的实收资本应相对固定不变，但在某些特定情况下，实收资本也可能发生增减变化。我国企业法人登记管理条例中规定，除国家另有规定外，企业的注册资金应当与实收资本相一致，当实收资本比原注册资金增加或减少的幅度超过20%时，应持资金信用证明或者验资证明，向原登记主管机关申请变更登记。如擅自改变注册资本或抽逃资金，要受到工商行政管理部门的处罚。

（1）实收资本（或股本）的增加。一般企业增加资本主要有三个途径：接受投资者追加投资、资本公积转增资本和盈余公积转增资本。需要注意的是，由于资本公积和盈余公积均属于所有者权益，用其转增资本时，如果是独资企业比较简单，直接结转即可；如果是股份公司或有限责任公司，则应该按照原投资者各出资比例相应增加各投资者的出资额。

（2）实收资本（或股本）的减少。企业减少实收资本应按法定程序报经批准，股份有限公司采用收购本公司股票方式减资的，按股票面值和注销股数计算的股票面值总额冲减股本，按注销库存股的账面余额与所冲减股本的差额冲减股本溢价，股本溢价不足冲减的，再冲减盈余公积直至未分配利润。如果购回股票支付的价款低于面值总额的，所注销库存股的账面余额与所冲减股本的差额作为增加股本溢价处理。

二、资本公积

（一）资本公积概述

资本公积是企业收到投资者的超出其在企业注册资本（股本）中所占份额的投资，以及直接计入所有者权益的利得和损失等。资本公积包括资本溢价（股本溢价）和直接计入所有者权益的利得和损失等资本溢价（股本溢价），是企业收到投资者的超出其在企业注册资本（或股本）中所占份额的投资。形成资本溢价（股本溢价）的原因有溢价发行股票、投资者超额缴入资本等。直接计入所有者权益的利得和损失是指不应计入当期损益、会导致所有者权益发生增减变动的、与所有者投入资本或者向所有者分配利润无关的利得或者损失，资本公积的核算包括资本溢价（股本溢价）的核算、其他资本公积的核算和资本公积转增资本的核算等内容。

（二）资本公积的账务处理

1.资本溢价。除股份有限公司外的其他类型的企业，在企业创立时，投资者认缴的出资额与注册资本一致，一般不会产生资本溢价。但在企业重组或有新的投资者加入时，常常会出现资本溢价。因为在企业正常生产经营后，其资本利润率通常要高于企业初创阶段。另外，企业有内部积累，新投资者加入企业后，对这些积累也要分享，所以，新加入的投资者往往要付出大于原投资者的出资额，才能取得与原投资者相同的出资比例，投资者多缴的部分就形成了资本溢价。

2.股本溢价。股份有限公司是以发行股票的方式筹集股本的，股票可按面值发行，也可按溢价发行。我国目前不准折价发行。与其他类型的企业不同，股份有限公司在成立时可能会溢价发行股票，因而其在成立之初，就可能会产生股本溢价。股本溢价的数额等于股份有限公司发行股票时实际收到的款额超过股票面值总额的部分。在按面值发行股票的情况下，企业发行股票取得的收入，应全部作为股本处理；在溢价发行股票的情况下，企业发行股票取得的收入，等于股票面值部分作为股本处理，超出股票面值的溢价收入应作为股本溢价处理发行股票相关的手续费、佣金等交易费用。

如果是溢价发行股票的,应从溢价中抵扣冲减资本公积(股本溢价);无溢价发行股票或溢价金额不足以抵扣的,应将不足抵扣的部分冲减盈余公积和未分配利润。

3. 其他资本公积的核算。其他资本公积是指除资本溢价(股本溢价)项目以外所形成的资本公积,其中,主要是直接计入所有者权益的利得和损失。在持股比例不变的情况下,对因被投资单位除净损益、其他综合收益、利润分配以外的所有者权益的其他变动,如果是利则应按持股比例计算其应享有被投资企业所有者权益的增加数额;如果是损失,则做相反的分录。在处置长期股权投资时,应转销与该笔投资相关的其他资本公积,转入"投资收益"。

4. 资本公积转增资本的核算。经股东大会或类似机构决议,用资本公积转增资本时,应冲减资本公积,同时按照转增前的实收资本(或股本)的结构或比例,将转增的金额记入"实收资本"("股本")科目下各所有者的明细分类账户。

第三节 留存收益与其他综合收益

一、留存收益

留存收益是公司在经营过程中所创造的,但由于公司经营发展的需要或法定的原因等没有分配给所有者而留存在公司的盈利。留存收益是指企业从历年实现的利润中提取或留存于企业的内部积累,它来源于企业的生产经营活动所实现的净利润,包括企业的盈余公积金和未分配利润两部分,其中,盈余公积金是有特定用途的累积盈余,未分配利润是没有指定用途的累积盈余。

二、留存收益的账务处理

(一)利润分配

1. 利润分配的顺序。利润分配是指企业根据国家有关规定和企业章程、投资者的决议等,对企业当年可供分配的利润所进行的分配。

企业本年实现的净利润加上年初未分配利润(或减年初未弥补亏损)和其他转入后的余额,为可供分配的利润。

可供分配的利润,按下列顺序分配:①提取法定盈余公积;②提取任意盈余公积;

③向投资者分配利润。

2. 设置的科目。留存收益的核算设置"盈余公积"和"利润分配"科目。

企业在"利润分配"科目下，设置"提取法定盈余公积""提取任意盈余公积""应付现金股利""盈余公积补亏""未分配利润"等明细科目。

年度终了，企业应将全年实现的净利润，自"本年利润"科目转入"利润分配——未分配利润"科目，并将"利润分配"科目下的其他有关明细科目的余额，转入"未分配利润"明细科目。结转后，"未分配利润"明细科目的贷方余额，就是累积未分配的利润数额；如为借方余额，则表示累积未弥补的亏损数额。

（1）结转净利润。首先将当年实现的净利润通过"本年利润"科目的借方转入"利润分配——未分配利润"的贷方，形成可供分配的利润，然后进行具体的利润分配。

（2）提取法定盈余公积。

（3）提取任意盈余公积。

（4）按照股东大会的决议，向投资者分配利润。

（5）将利润分配各明细科目"提取法定盈余公积""提取任意盈余公积""应付现金股利"转入"利润分配——未分配利润"科目。

"利润分配——未分配利润"科目如出现借方余额，则表示累积未弥补的亏损数额。对于未弥补亏损可以用以后年度实现的税前利润进行弥补，但弥补期限不得超过5年，超过5年以后可以用税后利润弥补，也可以用盈余公积补亏用利润弥补亏损，不需要做账务处理，属于"利润分配——未分配利润"借贷方自动抵减；以盈余公积补亏时，分录如下：

借：盈余公积
　　贷：利润分配——盈余公积补亏
借：利润分配——盈余公积补亏
　　贷：利润分配——未分配利润

（二）盈余公积

盈余公积是指企业按规定从净利润中提取的企业积累资金。公司制企业的盈余公积包括法定盈余公积和任意盈余公积。

按照《中华人民共和国公司法》有关规定，公司制企业应当按照净利润（减弥补以前年度亏损，下同）的 10% 提取法定盈余公积。非公司制企业法定盈余公积的提取比例可超过净利润的 10%。法定盈余公积累计额已达注册资本的 50% 时可以不再提取。值得注意的是，在计算提取盈余公积的基数时，不应包括企业年初未分配利润。

公司制企业可根据股东大会的决议提取任意盈余公积。非公司制企业经类似权力机构批准，也可提取任意盈余公积。法定盈余公积和任意盈余公积的区别在于其各自计提的依据不同，前者以国家的法律法规为依据；后者由企业的权力机构自行决定，企业提取的盈余公积经批准可用于弥补亏损、转增资本、发放现金股利或利润等。

（1）提取盈余公积。企业按规定提取盈余公积时，应通过"利润分配"和"盈余公积"等科目处理。

（2）盈余公积补亏。

（3）盈余公积转增资本。

（4）用盈余公积发放现金股利或利润。

三、弥补亏损

（一）企业弥补亏损的方法

企业弥补亏损的方法主要有以下三种。

（1）企业发生亏损，可以用次年度的税前利润弥补，次年度利润不足弥补的，可以在5年内延续弥补。

（2）企业发生的亏损，5年内的税前利润不足弥补时，用税后利润弥补。

（3）企业发生的亏损，可以用盈余公积弥补。

以税前利润或税后利润弥补亏损，均不需要进行专门的账务处理。所不同的是，以税前利润进行弥补亏损的情况下，其弥补的数额可以抵减企业当期的应纳税所得额，而用税后利润进行弥补亏损的数额，则不能在企业当期的应纳税所得额中抵减。

（二）税前利润或税后利润弥补亏损的会计处理

与实现利润的情况相同，企业应将本年发生的亏损自"本年利润"科目，转入"利润分配——未分配利润"科目。

借：利润分配——未分配利润
　　贷：本年利润

结转后"利润分配"科目的借方余额，即为未弥补亏损的数额，然后通过"利润分配"科目核算有关亏损的弥补情况。

企业发生的亏损可以用次年实现的税前利润弥补。在用次年实现的税前利润弥补以前年度亏损的情况下，企业当年实现的利润自"本年利润"科目，转入"利润分配——未分配利润"科目，即：

借：本年利润

贷：利润分配——未分配利润

这样将本年实现的利润结转到"利润分配——未分配利润"科目的贷方，其贷方发生额与"利润分配——未分配利润"的借方余额在科目内自然抵补。因此，以当年实现净利润弥补以前年度结转的未弥补亏损时，不需要进行专门的账务处理。

（三）盈余公积弥补亏损的会计处理

企业以提取的盈余公积弥补亏损时，应当由公司董事会提议，并经股东大会批准。即：

借：盈余公积
　　贷：利润分配——盈余公积补亏

（四）企业弥补亏损的税务处理

《中华人民共和国企业所得税法》第十八条规定："企业纳税年度发生的亏损，准予向以后年度结转，用以后年度的所得弥补，但结转年限最长不得超过五年。"根据国税发〔1997〕189号文件规定："税法所指亏损的概念，不是企业财务报表中所反映的亏损额，而是企业财务报表中的亏损额经主管税务机关按税法规定调整后的金额。"这里的"五年"，是指税收上计算弥补亏损的期限，只对计算应纳税所得额产生影响，而在弥补亏损的会计核算中，并不受"五年"期限的限制。会计上，无论是盈利还是亏损，期末一律将"本年利润"科目的余额，结转"利润分配——未分配利润"科目。这里的"本年利润"余额，是指扣除所得税费用后的净利润。

四、其他综合收益

（一）其他综合收益的概念

其他综合收益，是指企业根据《企业会计准则》规定其他未在当期损益中确认的各项利得和损失。

（二）其他综合收益的核算内容

其他综合收益包含两类：一是以后会计期间不能重分类进损益的其他综合收益；二是以后会计期间满足规定条件时将重分类进损益的其他综合收益。

1.以后会计期间不能重分类进损益的其他综合收益。其主要包括重新计量设定受益计划净负债或净资产导致的变动，以及按照权益法核算因被投资单位重新计量设定受益计划净负债或净资产变动导致的权益变动，投资企业按持股比例计算确认的该部分其他综合收益项目。

2. 以后会计期间满足规定条件时将重分类进损益的其他综合收益。其主要包括以下内容。

（1）可供出售金融资产公允价值的变动。可供出售金融资产公允价值变动形成的利得，除减值损失和外币货币性金融资产形成的汇兑差额外，借记"可供出售金融资产——公允价值变动"科目，贷记"其他综合收益"科目，公允价值变动形成的损失，做相反的会计分录。

（2）可供出售外币非货币性项目的汇兑差额。对于以公允价值计量的可供出售非货币性项目，如果期末的公允价值以外币反映，则应当先将该外币按照公允价值确定当日的即期汇率折算为记账本位币金额，再与原记账本位币金额进行比较，其差额计入其他综合收益。具体来讲，对于发生的汇兑损失，借记"其他综合收益"科目，贷记"可供出售金融资产"科目；对于发生的汇兑收益，借记"可供出售金融资产"科目，贷记"其他综合收益"科目。

（3）金融资产的重分类将可供出售金融资产重分类。为采用成本或摊余成本计量的金融资产，重分类日该金融资产的公允价值或账面价值作为成本或摊余成本，该金融资产没有固定到期日的，与该金融资产相关、原直接计入所有者权益的利得和损失，仍然应当记入"其他综合收益"科目，在该金融资产被处置时转出，计入当期损益。

将持有至到期投资重分类为可供出售金融资产，并以公允价值进行后续计量，重分类日，该投资的账面价值与其公允价值之间的差额记入"其他综合收益"科目，在该可供出售金融资产发生减值或终止确认时转出，计入当期损益。

按照金融工具确认和计量的规定应当以公允价值计量，但以前公允价值不能可靠计量的可供出售金融资产，企业应当在其公允价值能够可靠计量时改按公允价值计量，将相关账面价值与公允价值之间的差额记入"其他综合收益"科目，在其发生减值或终止确认时将上述差额转出，计入当期损益。

（4）采用权益法核算的长期股权投资。这项股权投资，按照被投资单位实现其他综合收益以及持股比例计算应享有或分担的份额，调整长期股权投资的账面价值，同时增加或减少其他综合收益。其账务处理为：借记（或贷记）"长期股权投资——其他综合收益"科目，贷记（或借记）"其他综合收益"科目，待该项股权投资处置时，将原计入其他综合收益的金额转入当期损益。

（5）存货或自用房地产转换为投资性房地产。企业将作为存货的房地产转换为采用公允价值模式计量的投资性房地产时，应当按该项房地产在转换日的公允价值，借记"投资性房地产——成本"科目,原已计提跌价准备的,借记"存货跌价准备"科目,按其账面余额,贷记"开发产品"等科目;同时,转换日的公允价值小于账面价值的,按其差额,借记"公允价值变动损益"科目,转换日的公允价值大于账面价值的,按其差额,贷记"其他综合收益"科目。

企业将自用的建筑物等转换为采用公允价值模式计量的投资性房地产时,应当按该项房地产在转换日的公允价值,借记"投资性房地产——成本"科目,原已计提减值准备的,借记"固定资产减值准备"科目,按已计提的累计折旧等,借记"累计折旧"等科目,按其账面余额,贷记"固定资产"等科目;同时,转换日的公允价值小于账面价值的,按其差额,借记"公允价值变动损益"科目,转换日的公允价值大于账面价值的,按其差额,贷记"其他综合收益"科目,待该项投资性房地产处置时,因转换计入其他综合收益的部分应转入当期损益。

(6)现金流量套期工具产生的利得或损失中属于有效套期的部分。现金流量套期工具产生的利得或损失中属于有效套期部分,直接确认为其他综合收益该有效套期部分的金额,按下列两项的绝对额中较低者确定。

①套期工具自套期开始的累计利得或损失;②被套期项目自套期开始的预计未来现金现值的累计变动额。

套期工具利得或损失的后续处理为:

①被套期项目为预期交易且该项交易使企业随后确认一项金融资产或一项金融负债的,原直接确认为其他综合收益的相关利得或损失,在该金融资产或金融负债影响企业损益的相同期间转出,计入当期损益。但企业预期原直接在其他综合收益中确认的净损失全部或部分在未来会计期间不能弥补时,应当将不能弥补的部分转出,计入当期损益。

②被套期项目为预期交易且该预期交易是企业随后确认一项非金融资产或一项非金融负债的,企业可选择将原直接在其他综合收益中确认的相关利得或损失,在该非金融资产或非金融负债影响企业损益的相同期间转出,计入当期损益。但企业预期原直接在其他综合收益中确认的净损失全部或部分在未来会计期间不能弥补时,应当将不能弥补的部分转出,计入当期损益。除上述两种情况外,原直接计入其他综合收益的套期工具产生的利得或损失,应当在被套期预期交易影响损益的相同期间转出,计入当期损益。

(7)外币财务报表折算差额。按照外币折算的要求,企业在处置境外经营的当期,应当将已列入合并财务报表所有者权益的外币报表折算差额中与该境外经营相关部分,自其他综合收益项目转入处置当期损益。如果是部分处置境外经营,应当按处置的比例计算处置部分外币报表折算差额,转入处置当期损益。

第七章 财务管理及风险防范

企业精细化管理是企业为适应现代企业制度的要求建立起来的一种科学管理模式,它将企业的各个环节进行流程细分,进而实行精确计划、精确决策、精确控制、精确考核,扭转了传统集约化和购买化的生产方式。本章内容包括财务管理界定及其目标、财务管理的价值观念解读、财务管理环境与组织机构、财务管理中的精细化管理实现、财务管理风险成因与防范。

第一节 财务管理界定及其目标

财务管理是组织企业财务活动、处理财务关系的一项经济管理工作。因此,要了解什么是财务管理,必须先分析企业的财务活动和财务关系。

一、企业财务活动与财务关系

(一)企业财务活动

企业财务活动是以现金收支为主的企业资金收支活动的总称。在市场经济条件下,一切物资都具有一定的价值,它体现了耗费于物资中的社会必要劳动量,社会再生产过程中物资价值的货币表现就是资金。在市场经济条件下,资金是进行生产经营活动的必要条件。企业的生产经营过程:一方面表现为物资的不断购进和售出;另一方面表现为资金的支出和收回。企业的经营活动不断进行,也就会不断产生资金的收支。企业资金的收支构成了企业经济活动的一个独立方面,这便是企业的财务活动。企业财务活动可分为以下四个方面。

1.由企业筹资引发的财务活动。企业从事经营活动,首先必须解决的是,通过什么方式、在什么时间筹集多少资金。在筹资过程中,企业通过发行股票、发行债券、吸收直接投资等方式筹集资金，表现为企业资金的收入；而企业偿还借款、支付利息和股利以及付出各种筹资费用等，则表现为企业资金的支出。这种因为资金筹集而产生的资金收支，便是由企业筹资引起的财务活动。

在进行筹资活动时，财务人员首先要预测企业需要多少资金，是通过发行股票取得资金还是向债权人借入资金，两种方式筹集的资金占总资金的比重应各为多少等。假设公司决定借入资金，那么，是发行债券好，还是从银行借入资金好，资金应该是长期的还是短期的，资金的偿付是固定的还是可变的，等等。财务人员面对这些问题时，一方面要保证筹集的资金能满足企业经营与投资的需要；另一方面还要使筹资风险在企业的掌控之中，一旦外部环境发生变化，企业不至于由于无法偿还债务而陷入破产境地。

2. 由企业投资引发的财务活动。企业筹集资金的目的是把资金用于生产经营活动以取得盈利，不断增加企业价值。企业把筹集到的资金用于购置自身经营所需的固定资产、无形资产等，便形成企业的对内投资；企业把筹集到的资金投资于其他企业的股票、债券，与其他企业联营进行投资以及收购另一个企业等，便形成企业的对外投资。企业无论是购买内部所需的各种资产还是购买各种证券，都需要支出资金。当企业变卖其对内投资的各种资产或收回其对外投资时，会产生资金的收入，而这种因企业投资而产生的资金收支，便是由投资引起的财务活动。

在进行投资活动时，由于企业的资金是有限的，因此，应尽可能将资金投放在能带给企业最大报酬的项目上。由于投资通常在未来才能获得回报，因此，财务人员在分析投资方案时，不仅要分析投资方案的资金流入与资金流出，而且要分析公司为获得相应的报酬还需要等待多久。当然，获得回报越早的投资项目越好。另外，投资项目几乎都是有风险的，一个新的投资项目可能成功，也可能失败，因此，财务人员需要找到一种方法对这种风险因素加以计量，从而判断选择哪个方案、放弃哪个方案，或者将哪些方案进行组合。

3. 由企业经营引发的财务活动。企业在正常的经营过程中，会发生一系列的资金收支。首先，企业要采购材料或商品，以便从事生产和销售活动，同时，还要支付工资和其他营业费用；其次，当企业将产品或商品售出后，便可取得收入，收回资金；最后，如果企业现有资金不能满足企业经营的需要，还要采取短期借款方式来筹集所需资金。上述各方面都会产生资金的收支，属于企业经营引起的财务活动。

在企业经营引起的财务活动中，主要涉及的是流动资产与流动负债的管理问题，其中关键是加速资金的周转。流动资金的周转与生产经营周期具有一致性，在一定时期内，资金周转快，就可以利用相同数量的资金生产更多的产品，取得更多的收入，获得更多的报酬。因此，如何加速资金的周转、提高资金的利用效率，是财务人员在这类财务活动中需要考虑的主要问题。

4. 由企业分配引发的财务活动。企业在经营过程中会产生利润，也可能会因对外投资而分得利润，这表明企业有了资金的增值或取得了投资报酬。企业的利润要按规定的程序进行分配：首先要依法纳税；其次要用来弥补亏损，提取盈余公积；最后要向投资者分配股利。这种因利润分配而产生的资金收支，便属于由利润分配引起的财务活动。

在分配活动中，财务人员需要确定股利支付率的高低，即将多大比例的税后利润用来支付给投资人。过高的股利支付率，会使较多的资金流出企业，从而影响企业再投资的能力，一旦企业遇到较好的投资项目，将有可能因为缺少资金而错失良机；而过低的股利支付率，又有可能引起投资人的不满，对于上市公司而言，这种情况可能导致股价下跌，从而使公司价值下降。因此，财务人员要根据公司自身的具体情况确定最佳的利润分配政策。

上述财务活动的四个方面不是相互割裂、互不相关的，而是相互联系、互相依存的。正是上述四个方面构成了完整的企业财务活动，这四个方面也正是财务管理的基本内容：企业筹资管理、企业投资管理、营运资本管理、利润及其分配的管理。

（二）企业财务关系分析

企业财务关系是指企业在组织财务活动过程中与各有关方面发生的经济关系。企业的筹资活动、投资活动、经营活动、利润及其分配活动与企业内部和外部的方方面面有着广泛的联系。企业的财务关系可概括为以下几个方面。

1. 企业与其所有者的关系。这里主要是指企业的所有者向企业投入资金，企业向其所有者支付投资报酬所形成的经济关系。企业所有者主要有四类：国家、法人单位、个人、外商。企业的所有者要按照投资合同、协议、章程的约定履行出资义务，以便及时形成企业的资本金。企业利用资本金进行经营，实现利润后，应按出资比例或合同、章程的规定，向其所有者分配利润。企业同其所有者之间的财务关系体现着所有权的性质，反映着经营权和所有权的关系。

2. 企业与其债权人的关系。这主要是指企业向债权人借入资金，并按借款合同的规定按时支付利息和归还本金所形成的经济关系。企业除利用资本金进行经营活动外，还要借入一定数量的资金，以降低企业资本成本，扩大企业经营规模。企业的债权人主要有债券持有人、贷款机构、商业信用提供者、其他出借资金给企业的单位或个人。企业利用债权人的资金后，要按约定的利息率及时向债权人支付利息。债务到期时，要合理调度资金，按时向债权人归还本金。企业同其债权人之间的关系体现的是债务与债权关系。

3. 企业与被投资单位的关系。这主要是指企业将闲置资金以购买股票或直接投资的形式向其他企业投资所形成的经济关系。企业向其他单位投资，应按约定履行出资义务，参与被投资单位的利润分配。企业同被投资单位之间的关系体现的是所有权性质的投资与受资的关系。

4. 企业与债务人的关系。这主要是指企业将资金以购买债券、提供借款或商业信用等形式出借给其他单位所形成的经济关系。企业将资金借出后，有权要求债务人按约定的条件支付利息和归还本金。企业同债务人的关系体现的是债权与债务关系。

5. 企业内部各单位的关系。这主要是指企业内部各单位之间在生产经营各环节相互提供产品或劳务所形成的经济关系。在实行内部责任核算制度的条件下，企业供、产、销各部门以及各生产单位之间，相互提供产品和劳务要进行计价结算。这种在企业内部形成的资金结算关系，体现了企业内部各单位之间的利益关系。

6. 企业与职工的关系。这主要是指企业在向职工支付劳动报酬的过程中形成的经济关系。企业要用自己的产品销售收入，向职工支付工资、津贴、奖金等，按照提供的劳动数量和质量支付职工的劳动报酬。这种企业与职工之间的财务关系，体现了职工与企业在劳动成果上的分配关系。

7. 企业与税务机关的关系。这主要是指企业要按税法的规定依法纳税而与国家税务机关之间形成的经济关系。任何企业都要按照国家税法的规定缴纳各种税款，以保证国家财政收入的实现，满足社会各方面的需要。及时、足额地纳税，是企业对国家的贡献，也是对社会应尽的义务。因此，企业与税务机关之间的关系反映的是依法纳税和依法征税的权利和义务关系。

二、财务管理的主要特点

企业生产经营活动的复杂性，决定了企业管理必须包括多方面的内容，如生产管理、技术管理、劳动人事管理、设备管理、销售管理、财务管理等。各项工作是互相联系、紧密配合的，同时又有科学的分工，具有各自的特点，其中，财务管理的特点体现在以下方面。

首先，财务管理是一项综合性强的管理工作。企业在实行分工、分权的过程中形成了一系列专业管理工作，有的侧重于使用价值的管理，有的侧重于价值的管理，有的侧重于劳动要素的管理，有的侧重于信息的管理。社会经济的发展要求财务管理主要运用价值形式对经营活动实施管理。通过价值形式，把企业的一切物质条件、经营过程和经营结果都合理地加以规划和控制，达到企业效益不断提高、财富不断增加的目的。因此，财务管理既是企业管理的一个独立方面，又是一项综合性强的管理工作。

其次，财务管理与企业各方面联系广泛。在企业的日常经营活动中，一切涉及资金的收支活动都与财务管理有关。事实上，企业内部各部门与资金不发生联系的情况是很少见的。因此，财务管理的触角常常伸向企业经营的各个角落。企业每个部门都会通过资金的使用与财务部门发生联系，每个部门也都要在合理使用资金、节约资金支出等方面接受财务部门的指导，受到财务制度的约束，以此来保证企业经济效益的提高。

最后，财务管理能快速反映企业的生产经营状况。在企业管理中，决策是否恰当、经营是否合理、技术是否先进、产销是否顺畅，都可以迅速在企业财务指标中得到反映。例如，如果企业生产的产品适销对路，质量优良可靠，则可带动生产发展，实现产销两旺，资金周转加快，盈利能力增强，这一切都可以通过各种财务指标迅速地反映出来。这也说明，财务管理工作既有其独立性，又受整个企业管理工作的制约。财务部门应通过自己的工作，向企业领导及时通报有关财务指标的变化情况，以便把各部门的工作都纳入提高经济效益的轨道上，努力实现财务管理的目标。

综上所述，企业财务管理是企业管理的重要组成部分，它是根据财经法规制度，按照财务管理的原则，组织企业财务活动，处理财务关系的一项经济管理工作。

三、财务管理的目标分析

目标是系统所要达到的目的。不同的系统所研究和解决的问题不同，所要达到的目的不同，即不同的系统有不同的目标。财务管理的目标是企业财务管理活动所要达到的目的，是财务管理工作所希望实现的结果，是评价财务管理行为是否合理的基本标准。

（一）财务管理目标的内涵诠释

财务管理目标是财务管理理论的基本构成要素，它决定财务管理的内容、职能、使用的概念和方法，是财务管理实践中进行财务决策的出发点和归宿。财务管理目标制约着财务运行的基本特征和发展方向，是财务运行的驱动力。研究设置财务管理目标，既是建立科学财务管理理论结构的需要，也是优化财务管理行为的需要。

财务管理目标具有相对稳定性和层次性特征。相对稳定性是指财务管理目标在一定时期内应保持相对稳定。尽管随着一定的政治、经济环境的变化，财务管理目标可能发生变化，人们对财务管理目标的认识也会不断深化，但财务管理目标是财务管理的根本目的，必须与企业整体发展战略相一致，符合企业长期发展战略的需要，体现企业发展战略的意图，因此，在一定时期内应保持稳定。层次性是指总目标分解到企业的各个部门，甚至班组岗位，形成企业、部门、班组岗位等多层次目标，财务管理目标的分解应该与企业战略目标的分解同时进行，以保证财务管理目标的落实与企业战略目标的落实相一致。

（二）财务管理目标的理论基础

1.利润最大化目标理论。利润最大化目标是指企业财务管理活动以实现最大的利润为目标。

以利润最大化作为财务管理目标，是因为利润可以衡量创造财富的多少。企业从事生产经营活动的目的就是创造更多的财富，而财富的多少可用利润衡量。利润是企业补充资本、扩大经营规模的源泉，只有每个企业都最大限度地获得利润，整个社会的财富才可能实现最大化，从而推动社会的进步和发展。

利润最大化目标的弊端主要有：①没有考虑利润实现时间和时间价值。例如，今年获利100万元和3年后获利100万元，其实际价值是不同的。如果不考虑利润实现时间和时间价值，就很难做出正确判断。②没有考虑所获利润与投入资本额的关系。例如，同样是获利100万元的两个方案，一个投入资本500万元，一个投入资本300万元，两个方案的投资效率是不同的。如果不考虑所获利润与投入资本额的关系，很难做出正确的选择。③没有考虑获取利润和所承担风险的关系。例如，两个方案投放的资本额相同，所获利润也相同，只是利润的存在形态不同——一个是现金，一个是应收账款，且存在坏账的可能。这两个方案利润的期望值是不同的，如果不考虑风险因素，很难做出正确的判断。④容易产生短期化行为。

2.股东财富最大化目标理论。股东财富最大化目标是指企业财务管理活动以实现股东财富最大为目标。

在股份公司中，股东财富是由其所拥有的股票数量和股票市场价格决定的。在股票数量一定时，当股票价格达到最高时，股东财富也达到最大。所以，股东财富最大化，又演变为股票价格最大化。股东财富最大化目标可以理解为最大限度地提高现在的股票价格。股价的升降，代表了投资大众对公司股权价值的客观评价。它以每股的价格表示，反映了资本和获利之间的关系；它受预期每股盈余的影响，反映了每股盈余大小和取得的时间；它受企业风险大小的影响，可以反映每股盈余的风险。

股东财富最大化目标的优点：①股东财富最大化目标考虑了风险和时间价值因素，反映了资本和获利之间的关系；②股东财富最大化在一定程度上能够克服企业在追求利润上的短期行为；③股东财富最大化目标比较容易量化，便于考核和奖惩。

股东财富最大化目标的缺点：①它只适用于上市公司，对非上市公司很难适用；②它只强调股东的利益，而对企业其他关系人的利益重视不够；③股票价格受多种因素影响，并非都是公司所能控制的，把不可控因素引入理财目标是不合理的。

尽管股东财富最大化存在上述缺点，如果证券市场高度发达，市场效率高，上市公司可以把股东财富最大化作为财务管理的目标。

3. 相关者利益最大化目标理论。相关者利益最大化就是指企业的财务活动必须兼顾和均衡各个利益相关者的利益，使所有利益相关者的利益尽可能最大化。股东作为企业所有者，在企业中承担着最大的权利、义务、风险和报酬。但在市场经济中，债权人、员工、企业经营者、客户、供应商和政府也为企业承担着风险。在确定企业财务管理目标时，不能忽视这些相关利益群体的利益。

相关者利益最大化目标的好处：①有利于企业长期稳定发展；②体现了合作共赢的价值理念；③较好地兼顾了各利益主体的利益；④体现了前瞻性和现实性的统一。

企业价值最大化是目前企业财务管理最理想的目标。

4. 企业价值最大化目标理论。企业价值最大化目标是指企业财务管理活动以实现企业价值最大为目标。

企业价值是指企业整体的经济价值，企业整体的经济价值是指企业作为一个整体的公平市场价值，通常用企业所产生的未来现金流量的现值来计量。

企业价值最大化目标的好处：①企业价值最大化目标考虑了取得报酬的时间和时间价值；②企业价值最大化目标考虑了风险与报酬的联系；③企业价值最大化目标考虑了获得的报酬与投入资本额之间的关系；④企业价值最大化目标能克服短期行为。

第二节 财务管理的价值观念解读

一、财务管理中的价值

财务管理目标是企业价值最大化，这就需要使每项决策都有助于增加企业价值。为了判断每项决策对企业价值的影响，必须计量价值。为了正确计量价值，必须正确理解财务管理中的价值概念。

价值是人类对于自我发展的本质发现、创造与创新的要素本体，包括任意的物质形态。价值在很多领域都有特定的形态，如社会价值、个人价值、经济价值、法律价值等。财务管理中的价值是指经济价值，或称内在价值，是指用适当的折现率计算的资产预期未来现金流量的现值。这里的"资产"，可能是股票、债券等金融资产，也可能是一条生产线等实物资产，甚至可能是一个企业。

（一）内在价值和账面价值

账面价值是指资产负债表上列示的资产价值。它以交易为基础，主要使用历史成本计量。财务报表上列示的资产，不包括没有交易基础的资产价值，如自创商誉、良好的管理等，也不包括资产的预期未来收益，如未实现的收益等。因此，资产的账面价值经常与其市场价值相去甚远，决策的相关性不好。不过，账面价值具有良好的客观性，可以重复验证。虽然会计界引入了现行价值计量，以求改善会计信息的相关性，但是仅限于在市场上交易活跃的资产。这种渐进的、有争议的变化并没有改变历史成本计量的主导地位。如果会计不断扩大现行价值计量的范围，并把表外资产和负债纳入报表，则账面价值将会接近内在价值。但是，如果会计放弃历史成本计量，审计将变得非常困难。

（二）内在价值和市场价值

市场价值是指一项资产在交易市场上的价格，它是买卖双方竞价后产生的双方都能接受的价格，内在价值与市场价值有密切关系。如果市场是有效的，即所有资产在任何时候的价格都反映了公开可得的信息，则内在价值与市场价值应当相等。如果市场不是完全有效的，一项资产的内在价值与市场价值会在一段时间里不相等。投资者估计了一种资产的内在价值并与其市场价值进行比较，如果内在价值高于市场价值则认为资产被市场低估了，他会决定买进。投资者购进被低估的资产，会使资产价格上升，回归到资产的内在价值。市场越有效，市场价值向内在价值的回归越迅速。

（三）内在价值和清算价值

清算价值是指企业清算时一项资产单独拍卖产生的价格。清算价值以将进行清算为假设情景，而内在价值以继续经营为假设情景，这是二者的主要区别。清算价值是在"迫售"状态下预计的现金流入，由于不一定找到最需要它的买主，通常会低于正常交易的价格；而内在价值是在正常交易状态下预计的现金流入。清算价值的估计，总是针对每项资产单独进行的，即使涉及多项资产也要分别进行估价；而内在价值的估计，在涉及相互关联的多项资产时，需要从整体上估计其现金流量并进行估价。二者的类似性在于它们都以未来现金流入为基础。

在财务管理中，价值的估计方法主要是折现现金流量法。

二、资金时间价值的产生和表示

资金时间价值，也称货币时间价值，是指一定量资金在不同时点上价值量的差异。资金在使用过程中随时间推移发生增值的现象，称为资金具有时间价值的属性。货币资金的本质是资本，资本既有保值的要求，也有内在增值的要求，并将在流转中完成增值的过程。货币资金的时间价值是资金使用者为使用资金所有者提供的资金而必须向其支付的报酬，这也是资金所有者放弃使用所拥有资金的投资机会所要求的最低报酬。货币资金的时间价值，对于借贷来说就是利息，对于投资过程来说就是利润。

（一）资金时间价值的产生

资金有很多用途，但它的两个最基本用途是消费与投资。各年代的各种货币资金，在考虑其使用时，都体现了消费和投资这两个固有的用途。尤其重要的是，其作用是在不同时刻（现在与未来）表现出来的，因此，必须充分注意时间上的差异——现在的一元钱与一年后的一元钱在价值上是不等的，二者之间的价值差额是由于利息或利润而产生的（这里没有考虑通货膨胀）。

投资是基本的财务活动，也是财务学中最基本的概念。投资本身就包含着现在与未来两方面的含义。企业投资从财务意义上来说，就是为了在未来获得更大的回报而对目前的资金进行的某种安排。显然，未来的回报应当超过现在的投资，正是这种预期的价值增长刺激着企业从事投资活动。这种由于时间差而产生的价值增长就是利润，其最低标准是利息。

当把资金投入生产或流通领域中后，经过物化劳动和活劳动，会产生一个增值，这个增值来源于剩余价值，但由于它取得了时间的外在表现，故称之为货币时间价值（资金时间价值）。

资金时间价值具有三方面特点：①资金时间价值是在周转使用中才能产生的；②资金时间价值是资金所有者让渡资金使用权而获取的一项收入；③从分配角度来看，资金时间价值是参与社会财富分配的一种形式。

（二）资金时间价值的表示方法

资金时间价值是指资金经过一段时间的使用后产生的差异。这个差异可以用一段时间前后的两个价值量的绝对差额来体现。但是在投资活动中，如果初始资金不相同，一般而言，经过相等时间间隔后，价值量的差额也会不一样，这个差额的"不一样"无法体现单位投资的效果，故而在实际计算资金时间价值时，就存在两种不同的表示方法。

1. 用绝对数表示。例如，现在的 1000 元存在银行，在 1 年后本利和为 1030 元，其中（1030-1000）=30（元）即为资金时间价值。这是资金时间价值最直接的表示方法。

2. 用相对数表示。例如，现在的 1000 元存在银行，在 1 年后本利和为 1030 元，中（1030-1000）=30（元），30÷100=3%，增值率 3% 即为资金时间价值。

这是在财务管理理论与实务中经常会用到的表达方式。

资金时间价值是由于时间变化而引起的资金价值的变化。无论是在借贷、投资还是在经济方案的比较上，资金时间价值都是客观存在的。在实际经济活动中，货币资金的流动一般不在同一时刻发生（通常以年计），不同年份的资金数流入或者流出由于价值不等而不能简单地相加减。所以，如何使不同时间点上的现金流量变为可比值，是现代企业财务经常遇到的问题。从数学计算上看，由于资金随着时间的增加过程与利息的增值过程相似，所以，资金时间价值的计算方法与利息的计算方法相同。

第三节 财务管理环境与组织机构

一、财务管理环境分析

财务管理环境，也称理财环境，是指对企业财务活动和财务管理产生影响的企业内、外部的各种客观条件和影响因素的总和。财务管理以外，对财务管理系统有影响作用的一切系统的总和构成了财务管理的环境，如国家政治、经济形势，法律法规的完善程度，企业面临的市场状况，企业的生产条件等，这些都会对财务管理产生重要作用，都是财务管理环境的组成部分。

（一）财务管理环境的主要特征

1. 复杂性和不确定性。财务管理活动总是在一定的时间和空间进行。它要受多种环境因素的影响和制约，这些因素共同构成了一个多层次的综合系统。正是在这种综合系统的作用下，财务管理活动才呈现复杂性和不确定性的特征。[①] 未来是不确定的，而人们的决策都是面向未来的。在这种背景下，人们把那些无法预料的和难以测度的变化定义为不确定性。财务管理环境复杂性和不确定性的特征带给人们财务行为的困

---

① 李秀梅．浅谈企业财务管理与成本控制 [J]．中国商论，2018（24）：92—93．

境，使人们行动的结果常处于一种未知的状态，并且随着信息技术和信息社会的进一步发展，财务管理环境的复杂性和不确定性将日趋增加。

2. 差异性。财务管理环境的差异性特点主要表现在两个方面。一方面，财务管理环境天然地具有因国家不同、地域不同、行业不同、制度不同而产生的差异性。这种差异性主要体现在政治因素、市场因素、法律因素、文化因素等方面的不同。另一方面，即使面对相同的财务管理环境，其对不同财务管理主体的影响也会千差万别。这种差异性主要是由于财务管理环境本身所具有的复杂性、不确定性、动态性，给不同的财务管理主体形成对环境因素的不同认知而产生的。财务管理环境的差异性要求不同的财务管理主体在分析、利用财务管理环境时，要立足自身的特点，扬长避短，充分利用有利的环境因素，避免不利的环境因素，有重点、有针对性地开展财务管理活动。

3. 动态性。财务管理环境具有稳定与变动的双重特性。在某一静止的时间点，财务管理环境是相对稳定的，但随着时间的推移，加之环境本身是瞬息万变的，有些环境因素渐变，但其变化过程因缓慢而不易被人们感知，如社会文化环境、自然地理环境等；还有一些因素是突变的，其变化过程因剧烈而容易被人们所直接感知，如国家政策、经济法规的变化等。

无论是渐变的因素还是突变的因素，其对财务管理活动的影响都是不容小觑的。这就要求财务管理主体在进行财务管理活动时，应当注意观察和预测相关环境因素的变动及其变化趋势，采取及时有效的措施对企业的财务管理活动给予调整，以充分利用环境因素变化所带来的机遇或有效应对因环境因素变化所带来的挑战。

（二）研究财务管理环境的意义

企业的财务管理与其环境是相互依存、相互制约的。任何一个财务管理主体都处于各种既定的财务管理环境中。一方面，财务管理环境决定企业的财务管理，不同的财务管理环境有不同的财务管理目标、手段和效率，从而要求有不同的财务管理活动。另一方面，企业财务管理对环境具有反作用，甚至在一定条件下，财务管理有能力改变其环境。因此，正确认识和评价财务管理与环境的关系具有重要意义。

第一，有利于认识财务管理的历史规律。通过对财务管理环境的研究，可以使人们正确、全面地认识财务管理的历史规律，预测并顺应财务管理的未来发展趋势。财务管理的发展是各种环境因素综合作用的结果。由于受多种因素的作用，财务管理的发展变化具有两面性：当各种因素的变化比较平稳时，财务管理处于稳定发展阶段；当某地环境因素发生重大变化时，便出现财务管理内容和方法的革新，带来财务管理的迅速发展，这就是财务管理发展过程的浪潮。因此，只有认真研究财务环境，才能对财务管理的历史做出正确、全面的评价，才能对各国财务管理的发展状况有清楚的认识和合理的解释，也才有可能对财务管理的发展趋势做出合理的判断。

第二，有利于指导财务管理的实践工作。通过对财务管理环境的研究，人们可以正确认识影响财务管理的各种因素，从而不断增强财务管理工作的适应性和灵活性，指导财务管理的实践工作取得成功。财务管理工作是在一定环境条件下进行的实践活动。人们只有通过对财务管理环境进行研究，才能充分了解、适应和利用财务管理环境，从而做出正确的财务决策。在市场经济条件下，财务管理环境具有构成复杂、变化快速等诸多特点，对财务管理工作会产生重大影响。财务管理人员必须对环境进行认真的调查分析，预测财务管理环境的发展变化趋势，采取相应的财务策略，才能保证企业的长久发展。正确地认识和利用财务管理环境，无疑可以使财务管理人员的实践工作更具针对性，更适应企业生存发展的需要。

第三，有利于推动财务管理理论的研究。通过对财务管理环境的研究，可以推动财务管理理论研究的进一步发展，建立适应市场经济发展需要的财务管理体系。财务管理理论研究的目的不应仅限于正确地反映财务管理实践，更为重要的是，应能正确地指导实践。没有人类的财务管理实践，自然就没有财务管理理论；然而，财务管理实践如果缺乏系统的理论指导，那也是盲目的。

因此，应将对财务管理环境的研究作为一个重要的财务管理理论课题进行研究，同时，对这一课题的研究又必将推动整个财务管理理论的研究朝着更深层次发展，将财务管理理论的研究提升到一个全新高度。当前，应重点研究社会主义市场经济条件下，财务环境的变化对财务管理工作的影响，以便尽快建立一个适应社会主义市场经济发展要求的财务管理体系。

（三）财务管理环境的主要类型

财务管理环境是一个多层次、多方位的复杂系统，它纵横交错、相互制约，对企业财务管理具有重要影响。因而，从不同角度、不同层次对财务环境进行分类，可以帮助企业更好地根据身边环境的特点，把握其当前的特征、未来的可能变化以及它们给企业财务管理带来的影响。根据环境与企业的关系，可以将财务环境划分为企业外部环境和企业内部环境。企业外部环境是指企业外部影响财务管理的各种因素，如国家政治、经济形势、法律制度、企业所面临的市场状况以及国际财务管理环境等。外部环境的稳定与否、完善与否会对理财活动产生重大影响。企业内部财务管理环境是指企业内部的影响财务管理的各种因素，如企业的生产情况、技术情况、经营规模、资产结构、生产经营周期等。

下面围绕企业外部影响财务管理的各种因素展开论述。

1. 政治环境。政治环境是指国家法治、社会制度、政治形势、方针政策等条件和因素的统称。政治环境是企业财务管理的大环境，具有引导性、超经济性和强制性的特点，从整体上影响着企业财务管理活动的策划和进行。企业要认真学习有关方针政策，预测未来发展的趋势，以便及时把握有利时机，在保证国家宏观调控目标实现的前提下，为企业自身创造有利的发展环境。

2. 法律环境。国家管理经济活动和经济关系的手段包括行政手段、经济手段和法律手段三种。市场经济是法治经济，企业的一切经济活动总是在一定法律规定的范围内进行的。法律既对企业的经济行为进行约束，又为企业从事各种合法经济活动提供保护。法律环境主要包括企业组织法规、税务法规、财务会计法规等，是指企业所处社会的法治建设及其完善程度。企业和外部发生经济关系时必须遵守这些法律法规和规章制度，它们通过规范市场经济主体而使市场经济的微观基础得以规范化。法律在市场经济中的重大作用表现在：维护市场主体的平等地位、意志自由和正当权益，规范市场主体的行为和企业所有者、债权人和经营者的权利和义务，维护社会经济秩序，国家的各项方针政策得到贯彻实施。

企业财务管理中应遵循的法律法规主要包括以下内容。

（1）企业组织法。企业是市场经济的主体，不同组织形式的企业所适用的法律不同。按照国际惯例，企业划分为独资企业、合伙企业和公司制企业，各国均有相应的法律来规范这三类企业的行为，因此，不同组织形式的企业在进行财务管理时，必须熟悉其企业组织形式对财务管理的影响，从而做出相应的财务决策。

（2）税收法规。税法是税收法律制度的总称，是调整税收征纳关系的法规规范。与企业相关的税种主要有以下五种。

①所得税类：包括企业所得税、个人所得税。

②流转税类：包括增值税、消费税、城市维护建设税。

③资源税类：包括资源税、土地使用税、土地增值税。

④财产税类：财产税。

⑤行为税类：印花税、车船使用税、屠宰税。

（3）财务法规。企业财务法规制度是规范企业财务活动、协调企业财务关系的法令文件。我国目前企业财务管理法规制度有企业财务通则、行业财务制度和企业内部财务制度三个层次。

（4）其他法规。如《中华人民共和国证券法》《中华人民共和国票据法》《中华人民共和国中国人民银行法》等。

从整体上说，法律环境对企业财务管理的影响和制约主要表现在以下方面。

在筹资活动中，国家通过法律规定了筹资的前提条件和基本程序，如《中华人民共和国公司法》就对公司发行债券和股票的条件做出了严格的规定。

在投资活动中，国家通过法律规定了投资的方式和条件，如《中华人民共和国公司法》规定股份公司的发起人可以用货币资金出资，也可以用实物、工业产权、非专利技术、土地使用权作价出资；规定了投资的基本程序、投资方向和投资者的出资期限及违约责任，如企业进行证券投资必须按照《中华人民共和国证券法》所规定的程序来进行，企业投资必须符合国家的产业政策，符合公平竞争的原则。

在分配活动中，国家通过法律，如《中华人民共和国契税法》《中华人民共和国公司法》《企业财务通则》《企业财务制度》等规定了企业成本开支的范围和标准，企业应缴纳的税种及计算方法，利润分配的前提条件、利润分配的去向、一般程序及重大比例。在生产经营活动中，国家规定的各项法律也会引起财务安排的变动或者说在财务活动中必须予以考虑。

3. 经济环境。经济环境是指影响企业财务管理的各种经济因素，如经济周期、经济发展水平、通货膨胀状况、政府的经济政策等。在影响财务管理的各种外部环境中，经济环境是最为重要的。

（1）经济周期。在市场经济条件下，经济发展与运行带有一定的波动性，大体上经历复苏、繁荣、衰退和萧条几个阶段的循环，这种循环叫作经济周期。在不同的经济周期，企业应采用不同的财务管理战略。

（2）经济发展水平。财务管理的发展水平是和经济发展水平密切相关的，经济发展水平越高，财务管理水平越好。财务管理水平的提高，将推动企业降低成本、改进效率、提高效益，从而促进经济发展水平的提高；而经济发展水平的提高，将改变企业的财务战略、财务理念、财务管理模式和财务管理的方法手段，从而促进企业财务管理水平的提高。财务管理应当以经济发展水平为基础，以宏观经济发展目标为导向，从业务工作角度保证企业经营目标和经营战略的实现。

（3）宏观经济政策。一个国家的经济政策，如国家的产业政策、财税政策、金融政策、外汇政策、外贸政策、货币政策等，对企业的财务管理活动都有重要影响。例如，金融政策中的货币发行量、信贷规模会影响企业投资的资金来源和投资的预期收益；财税政策会影响企业的资金结构和投资项目的选择等；价格政策会影响资金的投向和投资的回收期及预期收益；会计制度的改革会影响会计要素的确认和计量，进而对企业财务活动的事前预测、决策及事后的评价产生影响，等等。

（4）通货膨胀水平。通货膨胀对企业财务活动的影响是多方面的。主要表现在：①引起资金占用的大量增加，从而增加企业的资金需求；②引起企业利润虚增，造成企业资金由于利润分配而流失；③引起利润上升，加大企业的权益资金成本；④引起有价证券价格下降，增加企业的筹资难度；⑤引起资金供应紧张，增加企业的筹资困难。

为了减轻通货膨胀对企业造成的不利影响，企业应当采取措施予以防范。在通货膨胀初期，货币面临着贬值的风险，这时，企业进行投资可以避免风险，实现资本保值；与客户应签订长期购货合同，以减少物价上涨造成的损失；取得长期负债，保持资本成本的稳定。在通货膨胀持续期，企业可以采用比较严格的信用条件，减少企业债权；调整财务政策，防止和减少企业资本流失，等等。

4. 金融环境。金融环境是企业财务管理最主要的环境因素。财务管理的金融环境主要包括金融机构、金融工具、金融市场和利率四个方面。

（1）金融机构。金融机构包括银行金融机构和非银行金融机构两部分。银行金融机构主要包括中国人民银行、各种商业银行以及政策性银行等。非银行金融机构包括金融资产管理公司、信托投资公司、财务公司和金融租赁公司等。

（2）金融工具。金融工具是指在信用活动中产生的、能够证明债权债务关系并据以进行货币资金交易的合法凭证，它对于债权债务双方所应承担的义务与享有的权利均具有法律效力。金融工具一般具有期限性、流动性、风险性和收益性四个基本特征。金融工具按其期限，可分为货币市场工具和资本市场工具两类。货币市场工具主要包括商业票据、国库券（国债）、可转让大额定期存单、回购协议等；资本市场工具主要包括股票和债券等。

（3）金融市场。金融市场是由个人、组织机构以及把资金需求者和供给者联系在一起的金融工具和程序所组成的一个系统。任何需要货币和提供货币的个人和组织都能在金融市场这个系统中进行交易。与那些实物产品交易市场（如农产品、设备、物资、汽车等市场）不同，金融市场交易的对象是股票、债券、抵押品和其他能在未来产生现金流量的实物资产要求权，交易活动包括货币的借贷、外汇的买卖、证券的发行与流通、黄金价格的确定与买卖等。

（4）利率。利率也称利息率，是利息占本金的百分比。从资金的借贷关系看，利率是一定时期运用资金资源的交易价格。如同任何商品的价格是由供应和需求两方面来决定的一样，利率主要由资金的供给和需求来决定。特殊的是，除此之外，经济周期、通货膨胀、国家货币政策和财政政策、国际经济政治关系、国家利率管制程度等，对利率的变动都有不同程度的影响。利率通常由三部分组成：纯利率、通货膨胀补偿

率(或称通货膨胀贴水)和风险收益率。利率的一般计算公式为:

$$利率 = 纯利率 + 通货膨胀补偿率 + 风险收益率$$

纯利率,是指没有风险和通货膨胀情况下的均衡利率。影响纯利率的基本因素是资金供应量和需求量,因而纯利率不是一成不变的,它随资金供求的变化而不断变化。精确测定纯利率是非常困难的,在实际工作中,通常以无通货膨胀情况下无风险证券利率来代表纯利率。

通货膨胀补偿率,是指由于通货膨胀会降低货币的实际购买力,为弥补其购买力损失而在纯利率的基础上加上通货膨胀补偿率。资金的供应者在通货膨胀的情况下,必然要求提高利率以补偿其购买力损失,所以无风险证券的利率,除纯利率之外还应加上通货膨胀的因素,以补偿通货膨胀所遭受的损失。例如,政府发行的短期无风险证券(如国库券)的利率就是由这两部分内容组成的。其公式为:

$$短期无风险证券利率 = 纯利率 + 通货膨胀补偿率$$

风险收益率,包括违约风险收益率、流动性风险收益率和期限风险收益率等。其中,违约风险收益率是指为了弥补因债务人无法按时还本付息而带来的风险,由债权人要求提高的利率;流动性风险收益率是指为了弥补因债务人资产流动性不好而带来的风险,由债权人要求提高的利率;期限风险收益率是指为了弥补因偿债期长而带来的风险,由债权人要求提高的利率。

二、财务管理组织机构

不同的机构由于自身的特点、目标、职能等不同,其财务组织机构与职责也各不相同。下面将分别阐述一般工商企业、金融机构和其他组织三类机构的财务组织机构与职责。

(一)一般工商企业组织机构

1.一般工商企业中的财务组织机构设置。财务管理组织机构和人员是实施财务管理活动的主体,因此,财务管理组织机构的设置以及人员配备是财务管理的基础工作。企业财务管理组织机构的设置应综合考虑企业的经营性质与规模、行业特点、业务类型以及企业总体组织形式等多方面因素,机构内部的设置要体现分工明确、职权到位、责任清晰的要求,以保证企业财务工作顺利进行。小企业的财务机构和会计机构可以设在一起,财务人员兼做会计业务。对于规模较大的企业来说,二者应当分开设置,即分别设置财务部和会计部,财务机构负责组织财务活动和处理财务关系,会计机构负责会计核算与报告财务信息。

财务机构和岗位设置应当符合分级和归口管理原则。分级管理是指在企业组织内部按从上到下的顺序分解职责和权力的管理制度。企业根据自身的特点优化配置机构和人力资源，形成科学、合理的管理层面，自上而下，层次要尽可能地少，以减少管理环节，对内提高工作效率，对外贴近市场，以形成灵活、快速的市场反应能力。归口管理是指业务活动在企业组织内同一层级的不同部门以及同一部门的不同岗位和员工之间进行分派，明确责任，便于执行和考核。

财务机构和岗位设置应当符合内部控制的基本原则。例如，岗位设置要符合职务分离原则，也就是说，同一业务过程需要由不同的人员共同执行、相互监督，尽量避免由同一个人独自负责同一业务的全过程，尤其是款项的收付与记账必须分别由不同的人执行，经营方案的提出、审批、责任考核要由不同的人员分别执行。[①]

为了组织和实施财务管理工作，企业需要设置财务部和会计部两个部门，分别负责财务管理工作和会计信息处理工作。

（1）财务部的主要职责是组织财务活动和处理财务关系，即负责资本筹集、资本运用、财务运营、收益分配等财务活动的计划与实施，以及协调和维护企业与股东、债权人、被投资企业、债务人企业、供应商、客户、政府税务部门等之间的关系，通过计划、组织、控制以及激励等环节实现财务管理活动目标，促进企业提高经营效率，实现资本的保值和增值。在设计财务部门的组织机构时，企业通常会根据具体情况，将相对重要的职能进行相应的拆分——有的由不同部门行使不同的职能，有的由同一部门行使所有的职能。为了实现这些职能，财务部要设置相应的下属机构，分别负责筹资、投资、运营、分配等活动的决策、计划、组织、控制、分析、考核以及战略规划等财务管理工作。

（2）会计部的主要职责是通过确认业务、填制会计凭证、过账、结账、编制会计报表等活动收集、处理和报告财务会计信息及管理会计信息，通过对账和盘存等活动保障企业财产物资的安全和完整，保证企业经营活动的合法性和合规性，通过制定合理的税务政策和税务程序合法避税，降低企业的税负。为了实现这些职能，会计部也要设置相应的下属机构，分别负责信息与电子数据的处理、财务会计信息的归集与报告、税务会计业务和货币资金管理等。

2. 一般工商企业中财务机构的工作职责。鉴于本书主要讲述财务管理相关内容，故这一部分仅就财务部相关的岗位与职责进行论述，而不涉及会计部的相关岗位与职责。财务部应设置财务部经理、筹资管理员、投资管理员、分配管理员、存货管理员、成本分析员、销售与信用分析员、预算管理员、财务分析员、工资考核员以及战略管

---

① 刘春化，刘静中. 财务管理 [M].4 版. 大连：大连出版社，2017.

理员等岗位,分别负责相应的财务管理工作。

(1)财务部经理具体负责协调和管理财务部的工作,主持公司财务预决算、财务核算、会计监督和财务管理工作;组织协调、指导监督财务部的日常管理工作,监督执行财务计划,完成公司财务目标。财务部经理自身要有良好的专业素养、丰富的工作经验,熟悉各种财务相关知识,具有良好的职业道德。

(2)筹资管理岗的主要职责是根据企业的生产经营、对外投资和调整资本结构的需要,通过筹资渠道和资本市场,运用适当的筹资方式,经济有效地筹集企业所需的资本。筹资管理岗应当了解企业自身的特点,熟悉各种筹资方式的特点,以便为企业选择最为适合的资金筹集方式。

(3)投资管理岗主要负责企业投资管理工作,制定投资策略和战略资产配置,为了企业的利益,采取资产组合方式对企业资产进行投资管理。由于投资可以分为金融投资和实物投资,因此,投资管理岗也可以分为金融投资管理岗和实物投资管理岗,前者主要负责金融资产的投资管理,后者则主要负责实物资产的投资管理。

(4)分配管理岗主要负责与企业收益分配相关的管理工作,既包括股利的分配,又包括债务利息的分配,因此,其工作与股权筹资和债务筹资过程都具有一定的交叉性。

(5)存货管理岗的主要职责就是对企业的存货进行管理,主要包括存货的信息管理和在此基础上的决策分析,最后进行有效控制,达到存货管理的最终目的——提高经济效益。存货管理岗的具体职责包括分析原材料的购买需求并测算相应的资金需求,管理物料和产品存货的余额等。

(6)成本分析岗主要负责企业生产成本的核算和分析。因此,成本分析岗应当对企业的产品生产过程、技术工艺、组成结构等相当熟悉,并熟练地掌握各种成本计算及分析方法,能根据企业自身的特点灵活运用。

(7)销售与信用分析岗的主要职责是根据产品销售情况,拟定和修订企业的信用政策,分析客户的信用,拟订和修订收款方案,使企业更好地利用信用政策来扩大收益。

(8)预算管理岗的主要职责是负责企业全面预算编制中的协调与汇总工作,拟定公司财务预算管理制度,加强预算管理,协助总经理室编制年度经营预算,组织实施全面预算管理,实现年度经营目标。

(9)财务分析岗主要负责企业的财务分析工作,对企业的各项财务指标进行分析,评价企业的财务状况和经营成果,为企业的财务决策提供服务。财务分析岗应当熟悉各项财务指标的计算方法及其意义,具有扎实的财务基础,能对企业的财务状况做出准确的判断。

（10）工资考核岗主要负责对各个部门及个人的绩效进行考核。工资考核岗应该熟悉各种不同的业绩考核评价方法，制定适合公司的考核系统，对业绩做出准确的评价。

（11）战略管理岗主要负责企业的战略管理工作，以及改制、重组、并购等重大事项的分析、规划和决策参谋工作。战略管理岗应当熟悉企业的战略管理程序与方法，熟练掌握战略分析与决策的技巧与方法，熟悉公司的业务以及各种战略方案的内涵。

（二）金融机构

1. 金融机构中的财务组织机构设置。金融机构是指从事金融服务业有关的金融中介机构，为金融体系的一部分。金融服务业包括银行和非银行金融机构。非银行金融机构包括证券、保险、信托、基金等。随着金融业的发展以及金融业自身的行业特点，财务人员在金融业中占据越来越重要的地位。

金融机构作为特殊的企业，其经营内容、风险和影响程度与一般企业是不同的。因此，金融机构中的财务组织与一般的工商企业有一定的区别。金融机构本身的经营对象为金融资产，因而在其业务中也涉及大量的财务知识，而一般工商企业的核心业务涉及的是实物资产，导致二者财务组织的不同。金融机构中的财务组织与整个企业的组织结构密切相关，因为金融机构除了本身作为一个组织实体有其财务和会计的工作要求外，其业务过程中涉及的财务知识也要求财务人员渗透到各个具体岗位。

2. 金融机构中财务机构的工作职责。

（1）存款性金融机构。存款性金融机构的核心业务主要有吸收储户存款、发放贷款、现金资产管理，因此，主要设置银行业务主管、出纳、外币交易、信贷、信用分析、贷款规划、财务分析、证券投资与交易等岗位。银行业务主管的职责是对业务人员进行管理，负责处理支票，代理顾客结算其他现金项目，改进银行计算机设施及电子网络等。银行主管应该了解及评估客户需求，洞察客户信息，熟悉行业资讯，掌握企业财务知识。与吸收储户存款相关的岗位主要是出纳和外币交易员，他们负责接收存款、支付现金并向储户传递各种相关信息。与贷款业务相关的岗位主要有信贷员、贷款规划员和信用分析员，他们负责企业信贷相关的业务，必须对企业的信贷政策相当熟悉。与现金资产业务相关的岗位有财务分析员和证券投资分析员，他们主要负责现金资产投资分析等业务，必须熟悉各种财务理论，掌握各种分析技术和方法。

（2）证券中介机构。证券中介机构包括证券公司和证券服务机构。证券公司是从事证券承销、证券自营和证券经纪等业务的金融机构。证券服务机构包括证券登记结算公司、证券投资咨询公司、会计师事务所、资产评估机构和信用评级机构等。与证券交易和经纪业务相关的岗位有证券分析员和证券交易员，他们主要对与证券市场相关的各种因素进行研究和分析，包括对证券市场、证券价值及变动趋势进行分析、预测，并向投资者发布投资价值报告等，根据客户投资指令迅速有效地执行交易，进行风险控制。与证券承销业务相关的岗位主要是投资银行家，其专门负责为企业发行股票、债券等。与投资咨询业务相关的岗位有证券分析师、长期规划兼并专家、全球融资和发展专家等，主要负责与投资相关的咨询业务。这些岗位的人员务必具有相当扎实的金融和财务知识，熟悉各种投资专业技术。与服务中介相关的岗位有注册会计师、资产评估师、信用评估人员等，这些岗位的人员主要为企业提供审计、资产评估和信用评估等服务。

（3）保险公司。保险公司是专门从事经营商业保险业务的金融机构。保险公司一般设有保险代理人和经纪人、核保员、损失理算师、精算师、投资专家等岗位人员。保险代理人和经纪人的主要职责是为公司招揽保险业务，代表公司签署保险合同，因此必须相当熟悉公司的业务流程和业务内容。核保员主要负责承保新业务，检查保单，决定保单业务的接受与否，在执行业务时常常以个人的经验作为参考，因此，核保员需要熟悉各种保险业务、相关风险并有丰富的工作经验。损失理算师就是大家经常听说的理赔员，负责理赔调查相关事宜。精算师主要从事保险费、赔付准备金、分红、保险额、退休金、年金等的计算，工作中需要深厚的数学功底、保险专业知识和丰富的经验。投资专家负责保险公司的财务管理相关工作。由于保险公司的现金流入与流出比一般工商企业更难预测，因此，对投资专家岗位的能力要求也更高。

除上述几种金融机构外，金融市场上还有许多其他金融机构，如投资基金、金融资产管理公司、信托投资公司、金融租赁公司等。这些金融机构会设基金管理专家、信托专家、信用分析员、融资规划专家等职位。基金管理专家是对向公众募集的资金进行管理的人，需要具有丰富的证券投资经验。基金管理专家所具有的专业知识水平是一般投资者所达不到的，而且他们有能力及时获得各种必要的资料和信息，并且在投资决策中采用最先进的证券分析和各种专门方法，从而最大限度地保证投资决策的正确性。信托专家基于委托人的信任为委托人提供多种服务，帮助其进行资金的管理投资等。信用分析员在金融租赁公司中是一个非常重要的职位，负责对公司的信用状况进行分析，需要掌握各种专业知识和分析技术。财务咨询机构和财务公司中的融资规划专家负责帮助企业进行融资分析、评价和选择融资方案。

为了保障金融市场正常、有序地运行，需要对金融活动实施监督和管理，因此，需要相关的金融监管机构，并形成完整的监管体系。这些机构也有其自身的财务组织形式，具有各种各样的财务人员，负责对金融市场进行监督和管理。

（三）其他组织机构

1. 其他组织中的财务机构设置。其他组织主要是指政府与非营利组织。这些组织是不以营利为目的的组织，但其正常运行中也需要进行各种财务活动，也需要设置一定的财务组织。

（1）政府机构中的财务组织主要是指各级政府下属的，负责进行财政预算编制与实施，管理财政资金收支，管理国库，并向所属政府机构提供财政预算执行情况报告的各级财政机关。另外，各级税务机关、海关和中央银行，也是政府机构中的财务组织，履行与税收和货币相关的职能。

（2）非营利组织主要是指一些不以营利为目的的公益性组织。这类组织最大的特点是"非营利"性，因此不存在营利组织中的所有者权益问题。非营利性组织有其不同于一般营利性组织的财务特征，顾客并不是其资金的主要来源，也不存在利润指标。非营利组织财务管理在资金管理上的作用主要体现在两个方面：①有助于降低动作成本，提高组织动作效率，使有限的动作资金发挥最大的社会效用；②有助于非营利组织对外树立形象，提高组织公众信度，使组织的筹资管理更顺利有效。非营利性组织与营利性组织在组织和管理方面也有一些相似之处，在建立财务组织的时候，也可以适当参考一般营利组织的财务组织形式。

2. 其他组织中财务机构的工作职责。

（1）各级财政机关由本级政府领导。财政部是中央财政机关，对国务院负责。政府财政机关通常会设置预算管理员、国库管理员、经济建设管理员、监督检查员等岗位。预算管理员主要负责编制、落实政府机构的预算工作；考核各部门的预算执行情况；指导下一级财政机关的预算管理工作等。国库管理员的职责主要是贯彻落实财政国库管理制度改革工作，办理预算单位用款计划的编制、批复和管理工作等事宜。经济建设管理员主要负责与有关部门合作，共同制定、实施财政基本建设投资政策；负责城市维护建设资金与财务管理等事务。监督检查员的职责是依法对其他组织执行财税法律法规和国有资产管理、财务管理情况进行监督检查等。监督检查员应当熟悉相关法律，掌握会计、审计知识与技术。

（2）税务机关主要负责国内的税收管理工作，一般设有税务管理、税收征管、财务管理等岗位。税务管理员是税务机关及其税源管理部门中负责分片、分类管理税源，负有管户责任的工作人员，是随着我国税制变革和经济的发展，由税收专管员演化而来的。税收征管员主要负责组织实施综合性税收征管法律法规和规章制度并制定综合性税收征管制度和办法；负责税务登记等税收资料的管理；指导个体工商户和集贸市场税收征管；负责税款缓缴、呆账税金、死欠税款核销管理工作等。财务管理员主要负责贯彻执行所辖行政区域税收计划及会计、统计制度，编制税收收入长远规划和近期计划等相关的财务管理工作。

（3）海关是负责进出口税收管理工作的，一般设置通关管理员、关税征收与管理员、商品价格管理员等职位。通关管理员主要负责进出口货物和运输工具的通关管理和业务运行，监控海关作业单证的流转，指导、检查和监督关区审单作业。关税征收与管理员的主要职责是组织实施税收计划，对税收征管工作进行检查、监督和评估，提供相关税收信息等。商品价格管理员的主要职责是对进出口商品价格信息进行跟踪、收集、分析、筛选、整理等，为审价布控和风险布控提供帮助等。

（4）中国人民银行，即中央银行，是负责金银、货币和财政金库管理的机构，设有支付结算管理和国库资金管理等岗位。支付结算相关业务的人员负责组织中国人民银行的会计核算工作，组织建设现代化的支付系统，制定相关的支付结算规则等。国库资金管理员负责管理国家金库业务，拟定并组织实施国库资金管理制度，进行日常的核算、反映和监督工作，国库资金管理员必须加强对财政、金融形势的分析、判断，提高国库资金管理、运用、决策水平。

（5）非营利组织涉及的领域非常广泛，如教育、科研、慈善、公共设施等，为社会的发展做出了重大贡献，其财务相关的岗位主要有预算管理、收入管理、支出管理和工资与福利支出管理等。预算管理人员主要负责相关的预算编制实施，对执行情况进行分析，编制内部管理报告等；收入管理人员的职责是对组织的各项收入进行预测、核算和分析等；支出管理人员则负责对各部门的费用支出情况进行预算、监督、核算、分析等；工资与福利支出管理人员的职责是对职工的工资和福利支出进行管理，如编制职工工资册和工资汇总表，发放工资福利，进行相关会计核算工作等。

第四节 财务管理中的精细化管理实现

一、财务管理中精细化管理存在的问题

（一）财务管理中基础工作执行力度有待加强

为了加强财务管理，目前，大多数的企业已经采取了较为先进的管理方式，整体财务情况也比较良好，但是在细节上仍然存在一些不足。财务管理要想实现精细化管理，需要依靠规范的财务相关制度和科学的流程。有的企业虽然确实制定了制度与流程，但在实际管理工作中，经常会出现管理实施细节与规章制度不符合的情况，这种情况就会导致财务管理容易出现问题。同时，财务部门对于日常的资金支付和相关费用报销等各类业务方面的规定，在实际的执行过程中，也与制度存在一定的偏差。例如在费用报销方面，理应经过财务部门的审批，再执行之后的报销流程，但在实际的执行中，部分人员却跳过财务部门直接找经理批准，虽然已超过报销上限的部分，依旧给予了报销。这一问题充分体现出公司在财务监管方面执行力度有待提高，切实保证企业财务活动的规范性。

（二）缺乏合理的预算编制内容

企业在预算编制内容方面的主要问题表现在三个方面：一是企业过多看重短期利益，在预算编制方面只是突出了短期预算，预算编制的主要依据是企业领导对于年度营利的预期，各个部门将营利目标通过分阶段实现，而制定了对应的预算方式。二是预算编制的方法有待完善。当前，很多企业采用的是增量预算法，是通过对基期成本的分析而制定出来的，然而，这种方法的缺点是默认了上一年度企业的各项开支是合理的，无法有效地控制企业所产生的无效费用。如果企业在以往的开支中存在不合理的项目，就会一直在财务支出中保留，而无法及时通过有效的财务管理予以剔除，浪费企业的资金，给企业的经济效益带来不利的影响。三是预算编制的内容还不够全面精细。预算内容的全面性主要体现在预算管理的主体和涉及的各项费用要素都必须全面，相应的管理手段也要全面，但实际的预算内容方面还远远达不到全面性的要求。另外，对于预算编制涉及的费用支出计划的分解也不够精细，还达不到精细化管理的

要求。①

（三）缺乏完善的成本管理体系

目前，企业在成本管理方面，对于成本的分析还不够精细化，未能从多个角度、多个方面深入分析产品成本中存在的问题，只是将当前成本与历史成本进行对比，却忽略了企业自身与其他竞争对手的对比，其成本分析的深度和广度还不足，不能从源头上解决生产成本过高的问题，成本管理达不到预期的效果。

（四）资金使用效率管理水平较低

影响资金使用效率的主要项目就是应收账款，当前，很多企业为了迅速扩张，忽略了应收账款的回收，如果处理不及时，就有可能会出现坏账，不仅无法帮助企业进一步发展，而且会对企业的进步造成不利的影响。另外，企业的负债率较低反映出企业并没有充分发挥自身的优势进行融资，从而提高资金的使用效率。当前，国家为了支持企业的大力发展，在银行贷款等方面的融资出台了一系列的优惠政策，但企业未能紧紧抓住这些良好的契机，积极地融资，失去了扩大生产规模的好时机，让企业资金运作没有理想中那样达到更高的效率。

（五）缺乏完善的保障措施

当前，企业的财务信息化程度还远远不够，财务管理未能充分发挥其监管职能，对企业各方面的业务进行全面化的监督，企业在运作中出现的财务问题也未能及时发现和解决。同时，公司各个部门之间未能通过紧密的联系来共同加大财务监管力度。除此之外，财务的专业化程度也不够，财务管理人员在开展财务管理工作时，所要做的并非只是会计核算，要想实现精细化管理在财务管理中发挥更大的作用，财务人员就必须把目光放得更为长远，对企业的财务管理进行长期的规划，尽可能规避企业在生产发展中的风险，如果只是着眼于当前，缺乏长久的发展计划，那么，企业的财务管理就得不到有效保障。

二、精细化管理在财务管理中运用的优化

（一）积极转变精细化管理观念，强化财务管理基础工作

要实现财务管理的精细化，就必须在管理过程中严抓管理细节，对企业生产中的各个环节都要进行细致的管理，并且精细化的财务管理，并非只是依靠财务部门就能

---

① 朱立. 浅谈精细化管理在企业财务管理中的运用 [J]. 中国乡镇企业会计，2021（3）：68-69.

独立完成的工作，而是需要企业中各个部门、各个岗位的工作人员共同配合。一方面，企业要根据自身发展经营的情况，制定更为科学的财务管理制度，保障制度的全面性、科学性和可执行性；并且要在精细化的财务管理中，体现出企业未来发展的总体方向，将精细化管理观念在财务管理中体现出来。另一方面，要在企业的财务管理中，体现出精细化的真实含义，对于企业中各项收支要进行详细的规定，严格按照标准来执行，以标准化的预算管理，加强财务收支的控制。同时，还要建立一套完整的会计数据系统，对企业各项经营活动所产生的财务数据进行详细的记录，并且进行归纳和分析，从而根据企业财务的变动情况，掌握企业发展的规律，及时找出财务管理中的问题，并进行改正和优化。

（二）制定预算目标，运用科学的预算管理方式

预算目标是企业发展战略目标的反映，企业应当根据实际的发展需求，制定合理的预算目标。预算目标充分展示了企业管理者对于财务数据的要求，也是对企业经营生产中各个环节进行规范的主要依据。同时，预算管理模式也应当反映出预算目标的要求，从而保障其能够具体落实，并且预算目标也能够发挥其引导的作用，实现预算模式的快速建立。

为了能够让预算目标发挥其应有的作用，企业应当做到两点。一是要通过科学的预算编制达到控制的有效性。公司高层对预算提出要求，各个部门通过有效的沟通来具体执行，严格地按照企业的财务控制制度来开展预算管理工作。二是要在事前做好分析，事后严格考核。在进行相应的生产经营活动之前，进行合理科学的预算分析，预估所产生的预算成本；而在事后，要比对前期预算和实际产生的成本之间的差异，从而找出相应的问题并进行及时纠正。

（三）健全成本管理体系

第一，要执行全员参与成本管理的方案。在企业的生产经营过程中，成本的产生涉及各个环节，从生产工艺的研发、原材料的采购、产品的生产到销售以及售后服务，都需要付出相应的成本，因此，要想实现高效的成本管理，就必须调动企业全体员工的积极性。通过制定合理的成本管理考核机制，激励员工自觉控制成本，从而降低成本支出，为企业带来更多的经济效益。

第二，加强价值链各个环节的成本管理。不只是企业内部价值链要实现成本管理，与企业进行合作的上游供应商和下游销售商等，都需要加强成本管理控制。

第三，要制定严格的成本标准。企业逐步在生产经营活动中总结出规律，对于各

个环节所需要的成本有了一定的把控，就可以根据具体经营生产中分析而来的数据，制定标准化的成本，为以后的成本支出提供一定的参考依据。

（四）增强财务控制，优化资金管理

企业管理者应当意识到，财务控制并非只是财务部门的工作，也关系到企业的各个部门，只有各个部门共同协作，共同加强财务控制，才能帮助企业优化资金管理。首先，要对资金的使用进行合理的规划，使各项资金都能够用到必要的地方。其次，要结合预算中资金的支出和回笼，实现资金收支对等。对于企业中存在的应收账款问题，企业应当对客户进行严格的信用评定，避免客户失信而导致企业的经济损失。

此外，企业还应当合理地利用自身的优势，积极地开展融资活动，让企业能够有更多的资金用于经营周转。

（五）完善精细化管理保障措施

第一，企业应当将现代化信息技术与财务管理中精细化管理的应用结合起来，通过财务数据的收集、分析，加强财务信息的监管。先进的财务管理信息系统的应用，可以大大地提升财务管理效率，突出财务管理中的精细特性。

第二，要加强内部控制，让企业的财务管理制度落到实处，降低企业在发展中的风险，提高企业竞争力。

第三，要提升财务管理人员的素质，保障其能够以专业化的财务管理能力和职业道德素养，做好财务管理工作。

总之，在对目前企业财务管理中的精细化管理现状进行分析的过程中，我们也看到了我国企业财务精细化管理存在的诸多问题和不足之处。在今后的工作中，我们的企业财务人员要结合自身工作实际，在国家相关财务管理政策的导向下，不断完善自身财务管理工作质量，在优化管理观念、调整预算目标、完善管理体系、加强财务控制、完善保障措施等策略的实施作用下，将企业财务精细化管理推向更高处，促进企业财务管理目标的实现，为企业未来的良好发展奠定坚实的财务保障基础。

第五节　财务管理风险成因与防范

一、财务风险及其成因

财务风险是指企业在筹资、投资、资金回收及收益分配等各项财务活动过程中，由于各种无法预料、不可控因素的作用，使企业的实际财务收益与预期财务收益发生偏差，因而使企业蒙受经济损失的可能性。具体而言，财务风险是由于融资方式不当、财务结构不合理、资本资产管理不善以及投资方式不科学等诸多因素，从而使公司可能丧失偿债能力，进而导致投资者预期收益下降的风险。

（一）财务风险认知

1.财务风险的特征。

（1）客观性。财务风险是企业生产营运过程的产物，并不以人们的意志为转移，是客观存在的，可以说财务风险的多样性也造就了财务风险的客观性。例如，外部宏观环境的变化、市场调整、企业经营战略的转换、竞争对手战略转换或新替代品出现等因素都可能引发企业财务风险的出现，因此，企业无法完全规避财务风险，只能通过一定的措施来减弱其影响，降低其发生的概率，但不可能完全避免。

（2）损益性。企业的投资收益与其风险成正比关系，对企业投资者而言，收益大则风险大，风险小则收益也少。企业要想获得一定的利润，就必须承担与利润成正比的风险。尽管如此，企业也不能盲目去冒险，要使其风险的承受程度和自身的抵御能力相匹配。

（3）突发性。企业财务风险的发生并不是有章可循的，风险的产生有突然的特点。这是因为企业所处的外部环境瞬息万变，在不断变化的环境中，有的风险可能发生，有的可能不发生。风险对企业的影响也具有偶然性，影响可能很大，也可能很小。尽管财务风险具有突发性，企业也要采取措施提前预防风险的发生，以达到效益最大化的经营目标。

（4）复杂性。财务风险的复杂性有直接因素也有间接因素；有的因素可以提前预测，有的则无法预测；有些是外部因素，有些是企业内部因素。财务风险对企业造成的影响也是不确定的，它表现在影响范围上不确定、影响时间上不确定、影响深度上也不确定。所以，财务风险是极其复杂的。

（5）激励性。财务风险是客观存在的，企业为了经济效益最大化，必须制定相应的措施来规避或减弱财务风险对企业的影响。企业只有完善内部管理尤其是内控制度，才能把财务风险控制在一定范围内，这样就会促使企业完善内部管理，对企业状态进行实时监督，改进企业内控管理系统中存在的问题，使内控制度更加合理化、规范化和科学化，使企业能更快更好地适应时代竞争的需要。

2. 财务风险的主要类型。

（1）筹资风险。筹资风险是指由于资金供需市场、宏观经济环境的变化，企业筹集资金给财务成果带来的不确定性。筹资风险主要包括利率风险、再融资风险、财务杠杆效应、汇率风险、购买力风险等。利率风险是指由于金融市场金融资产的波动而导致筹资成本的变动。再融资风险是指金融市场上金融工具品种、融资方式的变动，导致企业再次融资产生不确定性；或企业本身筹资结构的不合理，导致再融资产生困难。财务杠杆效应是指由于企业使用杠杆融资给利益相关者的利益带来不确定性。汇率风险是指由汇率变动引起的企业外汇业务成果的不确定性。购买力风险是指由币值的变动给筹资带来的影响。

（2）投资风险。投资风险是指企业投入一定资金后，因市场需求变化而影响最终收益与预期收益偏离的风险。企业对外投资主要有直接投资和证券投资两种形式。根据《中华人民共和国公司法》的规定，股东拥有企业股权的25%以上应视为直接投资。证券投资主要有股票投资和债券投资两种形式。股票投资是风险共担、利益共享的投资形式；债券投资与被投资企业的财务活动没有直接关系，只是定期收取固定的利息，所面临的是被投资者无力偿还债务的风险。投资风险主要包括利率风险、再投资风险、汇率风险、通货膨胀风险、金融衍生工具风险、道德风险、违约风险等。

（3）经营风险。经营风险又称为营业风险，是指在企业的生产经营过程中，供、产、销各个环节不确定性因素的影响所导致企业资金运动的迟滞，产生企业价值的变动。经营风险主要包括采购风险、生产风险、存货变现风险、应收账款变现风险等。采购风险是指由于原材料市场供应商的变动而产生的供应不足的可能，以及由于信用条件与付款方式的变动而导致实际付款期限与平均付款期的偏离；生产风险是指由于信息、能源、技术及人员的变动而导致生产工艺流程的变化，以及由于库存不足所导致的停工待料或销售迟滞的可能；存货变现风险是指由于产品市场变动而导致产品销售受阻的可能；应收账款变现风险是指由于赊销业务过多导致应收账款管理成本增大的可能性，以及由于赊销政策的改变导致实际回收期与预期回收的偏离等。

（4）存货管理风险。企业保持一定量的存货对于其进行正常生产来说至关重要，但如何确定最优库存量是一个让人比较棘手的问题。存货太多，会导致产品积压，占用企业资金，风险较高；存货太少，又可能导致原料供应不及时，影响企业的正常生产，严重时可能造成对客户的违约，影响企业的信誉。

（5）流动性风险。流动性风险是指企业资产不能正常转移现金或企业债务和付现责任不能正常履行的可能性。从这个意义上来说，可以从企业的变现能力和偿付能力两方面对企业的流动性风险进行分析与评价。由于企业支付能力和偿债能力发生的问题，称为现金不足及现金不能清偿风险。由于企业资产不能确定性地转移为现金而发生的问题，则称为变现力风险。

（二）财务风险产生的成因

企业财务风险产生的原因很多，不仅有企业外部的原因，也有企业自身的内部原因，而且不同的财务风险形成的原因也不尽相同，具体可分为以下几点。

1. 外部原因。

（1）企业财务管理宏观环境的复杂性是企业产生财务风险的首要外部原因。企业财务管理的宏观环境复杂多变，使一些企业的管理系统不能与之相适应，因而无法根据国家宏观环境的变化而对自身的财务管理进行适当的改革。财务管理的宏观环境包括经济环境、法律环境、市场环境、社会文化环境、资源环境等因素，这些因素存在于企业的外部，但对企业财务管理会产生重大的影响，并且其中的任何一个环境因素的突变都有可能造成巨大的财务风险，比如说一些法律文件的变更以及相关财务政策的制定等。

（2）商品市场供求状况变化和单位经济行为的时间差异。众所周知，市场的供求变化是无法确定的，企业决策在调整力度以及时间上都和它有比较大的差异，它是按照市场整体变化的实际情况或者自己判断的发展趋势来确定自己的下一步行动方向，因此，由于时间上的差异性以及变化的无规律性等都将导致一些财务风险的出现。

（3）资本结构的不合理。一些企业在筹资过程中，为了更多地减少资本成本，大多数都倾向于采取债务融资的方式，因此造成债务资本在总资本中占据很高的比例，一旦其资金链断裂，企业无法按时偿还到期的债务，那么，将会面临巨大的财务风险。从我国现有企业的资本结构来看，都或多或少地存在着较高的资产负债率问题，因为企业在进行生产规模的扩张以及发生流动资金不足的情况下，首先想到的就是向银行贷款，所以很容易导致其资产负债率居高不下。

（4）利率水平以及外汇汇率水平的影响。首先，当企业通过负债的方式筹措资金时，如果合同的利率固定，一旦市场利率下降，那么，企业就必须按照合同的水平来支付较高的利息；而如果合同的利率是浮动的，则利率的上升会加大付息压力。总而言之，负债融通资金在一定程度上会加大财务风险。其次，如果企业用外币融资来代替负债筹资，那么，财务风险也会随着浮动利率的变化而加剧。最后，汇率的变动还将对进出口企业的收益情况造成很大的影响。

2. 内部原因。

（1）企业自身的管理体制不健全，有少部分特别是缺乏一整套科学合理的财务管理内部控制制度，督促各项资金的合理使用，使其产生最大的经济效益是一个企业建立内部控制制度的最终目的。然而，一些企业的内部控制制度和财务管理制度融合在一起，以致不能有效地监督财务资金的投资以及收回情况，内部控制制度没有达到预期的效果，从而加剧财务风险的发生。

（2）财务决策缺乏科学性导致决策失误。一些企业在进行财务决策时，经验决策以及主观决策的现象依然非常普遍。特别是进行固定资产投资时，在分析投资项目的可行性过程中，对于投资的内外部环境和未来现金流量产生的影响无法做出科学合理的判断，导致投资失误屡屡发生，项目的预期收益也不能如期完成，由此产生了无法估量的财务风险。

（3）企业内部财务关系不明。这是企业产生财务风险的又一重要原因，企业与内部各部门之间及企业与上级企业之间，在资金管理及使用、利益分配等方面存在权责不明、管理不力的现象，造成资金使用效率低下，资金流失严重，资金的安全性、完整性无法得到保证。例如，在一些上市公司的财务关系中，个别集团公司母公司与子公司的财务关系不清晰，资金使用缺乏有效的监督与控制。

（4）资产流动性不强以及现金流量状况不佳的现象亟须改善。现金流量多少以及资产流动性的强弱对其偿债能力有最直接的影响，而且企业有多少债务以及有多少可以变现偿债的流动资产决定着其是否能够顺利地偿还债务。一方面，如果偿债的流动资产越多，债务越少，那么偿债能力也就越强，反之则越弱；另一方面，如果用流动资产偿还负债后企业剩下的是营运资金，那么营运资金越少，表明企业的风险就越大，就算整体的盈利状况比较好，一旦现金流量不足，资产变现能力差，企业也同样会深陷困境。

（5）企业财务管理人员的素质水平有待提升，缺乏对财务风险的客观性认识。实际上，只要有财务活动，就必然存在一定的财务风险。部分企业的财务风险产生的重要原因之一，就是由于其管理人员自身素养不高，风险意识淡薄，无法在第一时间准确判断在财务活动中隐藏的财务风险。

二、财务风险防范的程序

企业财务风险防范，是指企业为应对和改变所面临的各种财务风险状况而事先采取的一系列管理措施和行为。企业应在充分认识其所面临的财务风险的基础上，采取各种科学、有效的手段和方法，对各类风险加以预测、识别、评价和控制，以最低成本确保企业资金运动的连续性、稳定性和效益性。企业对财务风险防范的能力与企业的兴衰息息相关。

财务风险防范的基本程序体现了管理工作的内在联系和运行规则，它包括风险管理目标、风险识别、风险估计与评价、风险决策、风险处理五个基本步骤。

企业在确定财务风险防范目标后，进行财务风险防范的基本程序主要包括两大部分，即财务风险分析和财务风险控制。

（一）财务风险防范目标的确定

确定财务风险防范目标是整个财务风险防范过程的起点，无论是财务风险分析还是财务风险控制都要围绕风险防范目标进行。财务风险防范目标对整个财务风险防范过程起着根本性的决定作用。因此，在制定财务风险防范目标时要格外谨慎。在此提出的确定财务管理目标的基本原则，是确定财务风险防范目标的指导思想，其主要内容包括以下四个方面。

第一，企业财务风险防范目标应与企业总体目标相一致。企业是以营利为目的的从事生产经营活动的社会经济组织，进行财务风险防范就是要使风险不影响企业的生产经营活动，不影响企业的收益。因此，企业进行财务风险防范，必须符合企业整体战略，与企业的总体目标一致，在实现企业价值最大化的同时，力求实现股东价值最大化与相关者利益最大化。

第二，企业财务风险防范目标应具有层次性。企业在保证财务风险防范目标与企业总体目标一致的情况下，还要根据目标的重要程度，区分风险防范目标的主次，确保各层次目标的实现具备客观可能性，以利于提高风险防范的综合效果。

第三，企业财务风险防范目标应具有明确性。企业在分层次制定财务风险防范目标的同时，必须注意各层次目标的明确性，以便正确选择和实施各种方案，并对其效果进行客观评价。

第四，企业应处理好成本与收益之间的关系。企业进行财务风险防范的目标主要是维护企业的收益和安全，因此，企业应从最经济、最合理的角度来处置风险，制定风险防范策略，以最低的成本实现最大的利益与安全保障。例如，建立风险预警系统，是企业进行财务风险防范的有效措施之一，但应根据企业具体的硬件设施、相关人员的现有技术水平制定，因为对物理设备、网络的利用，本身也会增大企业发生财务风险的可能性，为此，企业需增加人力、财力加以管理。财务风险防范成本过高，以致超过了风险防范所带来的收益，就偏离了企业财务风险防范的总体目标。

企业可以在把握以上原则的基础上，根据企业实际情况，制定具体的财务风险防范目标。比如，对于存货风险、应收账款风险的管理，企业要在风险发生以前采取各种措施，最大限度地防止风险的发生或者把风险控制到最低限度；而对于有些财务风险的发生，企业若无能为力，不能预防，就要采取措施，力求在风险发生之后把损失降低到最小，通过其他途径把风险损失弥补过来，或者尽可能快地恢复正常的生产经营活动，缩小风险损失。

（二）财务风险分析

企业财务风险分析是企业进行财务风险防范的首要环节。通过准确发现和判断企业所面临的各种财务风险，确定风险发生的概率及损失程度，可为风险防范决策及选择有效的风险防范技术提供可靠的依据。财务风险分析包括财务风险识别、财务风险的估计与评价两个步骤。

1.财务风险识别。财务风险识别是指在风险事故发生之前运用各种方法和工具，找出研究对象所面临的各种潜在风险以及风险事故可能发生的原因。对企业风险防范者来说，就是要识别在一定的市场、法律和政治环境下，企业在财务和生产经营过程中面临的所有潜在风险以及辨认造成各种潜在损失的来源。此外，还要注意有待识别的风险，不仅包括已暴露出来的风险因素，而且包括那些潜在的风险因素。一般来说，对后者的识别往往要比对前者的识别更为困难，但是通常也更为重要。

风险识别是风险防范的第一步，企业只有对其所处的内外环境进行深入调查研究后，才能判断其生产经营活动及财务活动将会呈现何种状态，或者将会发生哪些风险及潜在损失，在此基础上，为下一步进行财务风险的测量、评估及实施风险控制措施提供必要的准备。对于一个企业来说，风险识别应是一项制度性和连续性的工作，是整个财务风险防范中的基础性阶段。

由于影响企业财务风险的因素众多且错综复杂，一般主要采用定性分析的方法识别具体的财务风险。定性分析的方法主要是从定性的概念来判断企业经营过程中所面临的各种风险因素以及这些风险因素的结构和未来发展的性质。定性分析的方法，首先采用所谓的"环境分析法"，即通过对各种客观的经营管理资料（如统计、会计、计划、总结等）和风险事故记录进行分析、归纳和整理；然后采用"类推比较"等方法，即通过感性认识和历史经验来判断，从而对风险进行识别。财务风险识别可以利用的方法和技术有很多，例如，风险清单分析法、财务报表分析法、流程图、因果图和事故树等。

通常，企业使用较多的方法是专家调查法。专家调查法是指借助专家的智慧去识别企业的风险，各领域的专家利用专业方面的理论与丰富的实践经验，找出各种潜在的风险并对其后果做出分析与估计。这种方法的优点是，在缺乏足够统计数据和原始资料的情况下，可以做出定量的估计；缺点是易受心理因素的影响。但由于专家的视野开阔、见解独到精辟，此类方法易被企业所采用。到目前为止，专家调查法已发展到十余种，其中，以专家个人判断法、头脑风暴法与德尔菲法用途最广泛、最具代表性。

财务风险识别是财务风险防范的前提，不论企业特性如何，进行风险识别时都要关注几个方面：①检视运营过程或管理过程的纯熟度；②检视相关风险管理人员接受的训练与相关资源是否充足；③注意经营业务的范围与项目，尤其是正在进行的工作与新的业务项目，如公司正对某公司进行并购，在此过程中存在的风险就应引起相关人员的特别关注。

2. 财务风险的估计与评价。企业进行财务风险防范，应在充分识别和评估风险的基础上，采取相应的控制和管理措施，维护企业的收益和安全。企业财务风险的估计与评价是在风险识别的基础上，对财务风险发生的可能性及其造成损失的程度进行估计和计算，并揭示财务风险发生的可能性和破坏程度的过程。

财务风险的估计与评价是财务风险防范的核心，直接决定了财务风险防范有效性的高低。在现实经济活动中，企业财务风险因素是多种多样的，其发生的时间及风险损失的严重程度都具有不确定性，但通过对企业生产经营活动中大量事件的观察后发现，财务风险事件的发生呈现出某种统计规律性。因此，可以采用数学方法及相应的财务风险管理信息系统对各类财务风险的大小进行具体量化处理，找出财务风险事件出现的各种概率，从而达到对某类财务风险因素及风险事件进行定量预测的目的。对财务风险的估计与评价有以下三种方式。

（1）根据财务指标估测。这种估测方法主要适用于可借助财务指标衡量其水平的风险资产或风险活动。在利用该方法进行财务风险水平的估测时，应依次遵循五个步骤：①选择适当的财务指标；②确定财务指标基准；③利用现有的资料对财务指标进行测算；④与财务指标基准进行比较；⑤对财务风险进行量化描述。

企业筹资活动、投资活动、资金回收活动等，都适合采用财务指标估测其财务风险。在实际应用中，在明确财务指标后，企业可根据历史数据和同行业水平等确定财务风险的基准水平，然后将测得数据与之对比，大致确定目前企业该项资产或财务活动可能面临的风险。

（2）概率估测法。概率估测法是指利用概率分析法，通过计算相关收益的期望值及其标准差和变异系数来衡量财务风险的方法。此方法更适用于对项目风险等的估测，不过主要是用来估测非系统风险，不能反映系统风险的大小。概率估测法的具体评价程序分为五步。

第一步，预测各种可能的结果（随机变量）及其相应的概率。

第二步，计算期望收益率。期望收益率是各种可能收益率按概率加权平均得到的收益率，是反映集中趋势的一种量度。

第三步，计算标准离差。标准离差是各种可能收益率偏离期望收益率的综合差异，是反映离散程度的一种量度。

第四步，计算标准离差率。标准离差率是资产收益率的标准差与期望值之比，也称为变异系数。它是一个相对指标，表示某资产每单位预期收益中所包含的风险大小。一般情况下，标准离差率越大，资产的相对风险越大；标准离差率越小，资产的相对风险越小。标准离差率指标可以用来比较预期收益率不同的资产之间的风险大小。

第五步，评价。如果两个不同方案的期望收益率相同，则标准离差大者投资风险大，标准离差小者投资风险小。如果两个不同方案的期望收益率不同，则需要用标准离差率进行比较。其中，标准离差率大的项目，其财务风险相对大；标准离差率小的项目，其财务风险相对小。通过比较，企业可以选择出财务风险小的项目进行投资开发。

（3）财务诊断法。财务诊断法是指利用企业的经验数据，得到反映企业财务风险的经验模型，来对企业的财务风险情况进行诊断的方法。该方法一般选择一些比较敏感的财务指标建立预警模型来对公司面临的财务风险进行预警分析，进而进行有效的管理和化解。财务诊断方法的种类很多，如单变量分析法、双变量分析法等。

综上所述，风险识别和风险的估计与评价具有不同的功能，是相互独立的两个步骤，但在应用中，它们在时间上存在一定的重叠。事实上，从风险识别到风险的估计与评价，再到风险控制，都是交织在一起的。有些数据分析活动是在风险识别的过程中就已经开始了，有些风险处理措施则是在风险估计与评价阶段就开始采取了。比如，在访问某位专家的过程中，某种风险得以识别，与此同时，专家会提出风险损失程度方面的估计，提出相应的处理建议。这两项行为一般被视为后续风险管理部分，但它们都是在风险识别过程中就发生了。

第八章　财会工作实践创新

本书前七章详细阐述了财务管理与会计工作的相关内容，本章将综合介绍新经济时代财会工作的创新内容，其中包括财会工作概述、财务管理实践创新路径、会计管理体制实践创新路径、财务管理创新与会计实践发展的融合、新经济时代财会工作实践面临的挑战以及新经济时代财会工作创新发展路径的相关内容。

第一节　财会工作概述

所谓财会，指的是财务与会计的并称。财务会计以货币为主要度量，是确认和计量企业已经发生的资金或资产交易，并最终以财务会计报表的形式呈现出来，定期向经济利益相关方提供企业会计信息的企业外部会计。财务会计需要为企业信息的使用者提供相应的会计信息，以帮助使用者进行决策。

财务会计有着较长的发展历史，从其诞生之日起，财务会计经历了商业经济时代、工业经济时代以及现代会计时代三个阶段。在每个阶段中，财务会计都有其不同的特点、时代背景以及发展状况。

（1）商业经济时代并不存在真正意义上的财务会计，这一时期的会计只是从事"簿记"的工作。随着社会的发展变革，对会计人员提出了更高的要求。

（2）到了工业经济时代，随着生产社会化程度的不断提高，社会以及市场对会计工作的要求越来越高，出现了一系列的会计概念和一些基础的会计理论，会计工作对管理的研究也逐渐增多，从单纯的成本数据收集和计算逐渐转变为对成本的管理，一些地方也出现了管理会计与财务会计协同合作的现象。

（3）进入现代会计时代，会计工作逐渐规范化，不仅有相关法律的出台，还有配套的会计准则以及相关体系的构建，使财务会计的工作逐渐正规化和专业化。为了更好地适应现代企业的科学化管理，会计的工作流程逐渐标准化，且易于操作，对财务会计的评价和考核体系也逐渐成熟。

第二节　新经济时代财务管理概述及实践创新路径

　　财务管理在企业管理工作中占有极其重要的地位，它是企业对资金的筹集以及有效且合理使用的一项重要管理工作。企业发展的总目标决定了企业财务管理目标的制定。企业财务管理目标要想顺利实现，就要先清楚影响企业财务管理目标实现的各项因素。企业财务管理目标不仅受企业外部社会环境、市场环境以及生态环境等因素的影响，而且受企业自身管理架构、管理决策、生产发展以及财务状况等因素的影响。随着新经济时代的到来，企业进行财务管理的外部以及内部环境都发生了很大变化，企业只有紧跟时代发展的步伐，不断革新和调整财务管理理念，发展新的工作思路，实践新的工作内容，招揽具有新思想、新理念的专业人才，才能在不断变化的环境以及激烈的市场竞争中谋求新的发展，占领市场先机。

　　随着企业生产发展的逐渐规模化，经营的逐渐集约化，管理逐渐专业化和精细化，企业自负盈亏和自主经营的观念不断增强，企业也逐渐将成本管理以及利润管理作为财务管理的工作重心。财务管理作为企业管理的核心关键点，必须紧跟社会发展趋势和经营理念的更新调整，打破传统模式的束缚，不断加强财务预算管理，及时进行成本核算工作，并配合落实财务监督管理，有效降低企业各项成本，最大限度地降低财务风险，并最终实现企业效益的最大化。

一、新经济时代企业财务管理的目标

　　当今的企业处于新经济时代发展的大背景以及现代企业管理制度下，企业生产经营成功与否，更多地取决于企业的财务管理制度能否充分应用好和实施好。财务管理不但与企业资产获得的方式和效率以及资产使用的决策有着密切的关系，而且与企业的管理模式、生产经营模式、推广销售渠道以及客户服务理念有着直接的关系。财务管理作为企业管理工作中的一项重要工作内容，其总目标直接取决于企业发展的整体规划和未来发展方向，与此同时，财务管理自身所具有的特征也制约着财务管理目标的实现。由于企业自身具有营利的性质，其目标就要保证企业自身的生存，追求企业的长远发展，并在生存发展过程中持续不断地获得相应的收益。基于此，企业财务管

理需要筹集企业发展的资金，合法、合理且有效地使用和配置资金，将盈余资金投放到相对稳定且具有相对可观收益的项目上。唯其如此，才能实现企业利润的最大化与税后利润的最大化。

二、新经济时代企业财务管理的特征

企业管理的工作内容包括财务管理、生产管理、技术管理、设备管理、人力资源管理以及销售管理等。企业的管理工作之间需要密切协调与配合，从表面上看，它们彼此之间有着科学严谨的分工，有着各自不同的管理特点，而在实际管理中，各个管理部门的工作内容又相互交叉。其中，财务管理工作是其他各项管理工作的核心，具有以下三方面特征。

（一）财务管理是一项综合性管理工作

财务管理主要通过价值的衡量标准对企业的生产经营活动进行管理和评价。通过价值的尺度，企业财务人员可以将企业生产经营活动中的一切物质条件、生产经营过程以及产出成果的数据进行合理的规划、使用和管理，从而不断提高企业效益，增加企业财富。财务管理工作的落实和执行需要企业中各个部门的配合和协作，各个部门需要提供本部门真实的工作数据，甚至需要配备相应的与财务部门对接的人员，以便随时沟通与反馈。企业领导层也应当给予财务部门相应的权力，帮助财务人员做好统筹协调工作，将财务工作制度化。

（二）财务管理与企业各方面具有广泛联系

在企业生产经营过程中，一切涉及资金的工作都与财务管理相关联。在企业实际经营的过程中，各个部门之间都或多或少地涉及资金的使用、运转、收入与支出的分配等事宜，不涉及资金往来的工作通常很少。可以说，财务管理或资金往来在企业内部或员工个人身上随时都有可能发生。企业内部每个部门或每个人，都会通过资金的申请和使用与财务部门发生联系。企业中的每个部门都要接受财务部门的约束、监督和指导，让资金的使用更加合理，充分利用每一项资金，记录好每一项资金的收入和使用情况，使企业获得更高的经济效益。

（三）财务指标能真实反映企业生产经营状况

在企业的生产管理中，企业的财务指标可以清晰、充分且快速地反映企业的生产经营是否合理，技术装备是否先进，生产销售是否顺畅，企业决策是否正确等信息。

如果企业的生产经营发展得顺利，产品质量上乘，生产技术及工艺先进，产品的市场认可度较高，那么，企业的流动资金就会充足，盈利能力也就较强，这些数据会快速地反映在企业的财务指标中。从中可以看出，财务管理工作虽然有着自身的独立性，但也受企业各项管理工作的制约，企业各个部门对财务管理工作会产生相应的影响。财务部门应当在做好自己本职工作的同时，将有关财务指标的变化及时反映给企业的领导层，这样，企业在宏观层面才能对整个企业的走向有清晰的认识，并能及时地进行调整。财务管理部门可以将企业各个部门的工作都纳入提高企业经济效益的范畴，真正实现财务管理的目标。

三、新经济时代企业财务管理有待改善之处

在新经济时代背景下，社会发展的需求发生了变化，市场需求进行调整，产品或服务更新换代的速度不断加快，新的技术不断涌现，因此，企业的财务管理也面临着诸多挑战，其中，有许多急需解决的问题。

第一，许多企业一直沿用传统的经营理念，在企业经营过程中只是单纯地追求产品销量以及市场占有率，从而忽视财务管理的重要性，导致企业局限在以生产经营和销售经营为主的管理格局中。许多企业还沿用传统的粗放式管理和粗放式经营，没有进行精细化管理，更谈不上管理上的精益求精。当今市场和行业间的竞争愈加激烈，资源以及资金的充分利用已经成为企业生存发展的关键，如果不能有效地管理资金，企业就可能不知不觉地被市场淘汰。现代企业管理模式要求企业在财务管理上要精益求精，精打细算，但这并不是"艰苦朴素"的意思，而是要将有限的资金用到最需要的地方。

第二，有些企业的成本核算缺乏真实性。企业内部有些人员甚至会为了某种目的而人为地修改财务数据，这就导致成本核算失去了原有的真实性，形成了企业实亏虚盈的假象。由于企业的规模有限，人员构成简单，家族式管理较为普遍，有些企业内部人员为了自身私利，会对财务数据进行修改，而不会过多地考虑企业的长远发展。如此一来，缺乏真实性的成本核算比没有成本核算对企业的影响更为严重。这可能会直接影响企业未来的生产发展战略的制定，表面的虚假盈利可能会将企业引入歧途。

第三，在企业的实际生产经营活动中，有的中小企业没有专业且详细的账本，有的企业即使设有账本，也是由企业内部亲属所掌管，会计与出纳通常由同一人来担任，财务管理杂乱无章，随意性很强。录用家族人员或是家族式的管理会让企业的内部管理无法顺利开展，一些管理制度或企业政策无法真正落实到位，这些人员可能会超出企业的管理权限。会计与出纳由同一人来担任，会让企业的资金管理出现巨大漏洞。

若是相关人员的个人素养和责任心缺失，则会给企业带来很大的资金流失风险。同时，这样的人员安排也违反了相应的监督审查机制。

第四，企业内部人员专业素质普遍较低，相应的财务管理制度也不健全，财务管理的专业人才缺失或是基本没有，因此，企业真正的财务管理工作无法开展。这主要取决于企业领导层的整体素质水平。若企业领导层普遍素质水平较低，通常就不会重视企业人员录用的素质，进而财务管理相关人员的专业素质也不会很高，企业所招的财务人员也只能从事一些简单且表面性的工作。这样的人员至多可以进行简单的数据采集、统计和记录的工作，而数据的真实性与合理性则得不到保障；至于财务管理中更为复杂的数据分析、财务管理目标的制定、财务监督的实施等工作，财务人员则很难胜任。因此，现代企业管理制度中的财务管理工作在这样的企业中难以顺利开展。

第五，企业财务管理的信息化水平较低。业务数据、财务数据以及税务数据之间相互脱节，不能有效地进行集中核算和综合处理。由于没有信息化的支持，因此，企业内部各部门之间的财务数据难以实现共享。由于缺少专业的财务管理人员，因此，财务管理的工作内容无法实现流程化和制度化，也就无法进行大量的财务数据统计分析。由于没有精细的财务数据控制，因此，企业的库存也无法实现有效管理。

四、新经济时代深化企业财务管理内容的途径

深化财务管理的内容，要从增强企业内部各个部门的财务意识做起，并在企业中树立"大财务"的观念，同时，企业的领导层需要赋予财务管理部门资金、财务、计划以及法规制度等方面的管理职能。企业内部各个部门应当以财务部门为核心，并从财务管理的内容、范围以及方式三个方面入手，进行财务的精细化管理。财务的精细化管理要求企业在日常管理工作中，根据自身的实际情况，将财务管理的工作内容进一步细化，并进行分解，分配到企业的各个部门，而后再对各部门的财务数据进行整合处理。与此同时，要配合相应的财务管理制度。

（一）完善资金管理体系，确保劳动资金顺利流转

企业内部应当建立一套完整的资金管理制度，以实现资金的统一管理和集中调度，将企业所有资金支出的审批权集中到财务部门。财务管理部门应当根据企业的经营规模，设置两级不同的资金使用权限，严格且精细地执行收入和支出两条线的资金管理方式。企业各部门产生的销售收入要及时且全额进行清缴，各部门所需的费用应当由财务部门审核并进行拨付。有长远发展规划的企业，还需要进一步落实资金使用的三级权限管理制度，财务部门要及时回收资金，及时并全面地掌握企业整体的资金

使用情况，实现资金的统一分配调度，以减少资金的呆滞，最大限度地减少坏账及呆账情况的发生。在企业内部建立相应的规章制度，规范财务管理的工作流程以及各部门资金使用及申请流程，保证企业内部资金的使用规范和清晰，责任清楚。此外，还要对各部门进行定期财务考核，制定合理的财务奖惩制度，保证企业各部门之间紧密的配合关系，清除企业内部资金运转制度、沟通以及人员的障碍。

（二）优化财务结构，降低融资成本

要保证企业资金的流动比率不能低于1，这既可作为衡量一家企业财务风险的红线，也是信用评级机构对企业进行信用评级时的重要指标。这一标准还是企业进行良性发展时正常的资金状况，在这个标准下，企业可以正常维持生产经营的资金运转。为达到这个标准，企业不但要取得良好的业绩，而且要制定稳定且可持续的企业发展政策以及稳健的财务管理和会计政策。与此同时，企业还要塑造自身良好的商业信誉，树立良好的企业形象，充分发挥企业的社会价值，以便顺利地从银行等金融机构获得贷款，享受更优惠的贷款利率，补充可能出现的流动资金不足的情况。

（三）全面评估，追踪管理，确保投资效益

企业在进行投资活动前，需要对所投资的项目进行详细和全面的考察与论证，财务部门在投资前期需要做大量调研工作，最大限度地收集相关投资项目的数据，不管是历史数据，还是实时数据。此外，企业在选择投资项目时，也要尽可能地结合企业发展方向，可以和企业从事的生产经营活动相衔接。这样选择的好处是，企业不但可以从所投资的项目中获得相应的投资回报，而且企业所投资的项目可能会助力企业在自身业务范围内产生新的思路、新的产品或服务，甚至帮助企业开创新的市场。企业也可以选择与自身业务不相关的领域，这样选择的好处是，降低了同行业或相关行业因市场波动或社会大环境的变动而带来的不确定性风险，"不把鸡蛋放在同一个篮子"里。在投资项目运行过程中以及项目完成后，企业财务部门应当随时对其进行管理、监督、考核以及评价，在这些过程中，要做到尽可能精细，以确保所投资金的保值与增值，保证企业投资资金的回报最大。

五、新经济时代企业财务管理的创新路径

新经济时代下，企业财务管理创新的路径主要从组织管理架构、财务管理人员素质、信息化建设、资产结构、成本管理、会计控制以及预算编制七个方面来分别简述企业财务管理创新的着眼点。其中，组织管理架构和财务管理人员素质是创新的出发

点，信息化建设是创新的工具，优化资产结构、成本管理、会计控制和预算编制是创新的发力点。

（一）强化企业财务管理，健全财务管理机构

在新经济背景下，市场以及行业间的竞争更加激烈。企业要谋求生存和发展，就要重视企业的财务管理，逐渐健全企业的财务管理机构。企业的领导者要不断地深化对财务管理的理解和认识。企业的领导者不但要善于生产和经营，而且要善于管理，对相关的财务及会计常识和法规有一定的认识。企业管理的根本在于财务管理、会计管理以及对会计信息的处理，企业生产经营过程中，资金的运转和使用以及现金的流动都需要通过财务管理来实现。在企业财务管理实践工作中，除了企业领导的重视外，还需要企业各部门的通力配合，并且要不断完善和健全财务管理的组织架构。根据企业所属的行业特点来设置相应的财务核算机构，同时，为了保证财务管理人员的专业性，还要求财务管理人员具有相应的从业资质。只有这样，才能保证企业在正确的财务管理道路上不断发展。

（二）加大培训考核力度，提高财务人员素质

通过会计核算的方法，进行企业的经营管理工作，对企业经济活动的合法性、合理性以及有效性进行核算和监督，为企业领导层提供真实有效的投资与决策数据，降低企业生产经营风险是企业财务管理人员的重要职责。因此，企业财务管理人员应当做到以下三方面。

其一，要熟练并充分运用会计政策以及财务管理方法对企业自身的生产经营活动进行如实记录、计算、预测、数据分析以及控制评价，使企业的资金处于最佳运行状态，资金得到充分利用，并产生最大的收益。

其二，要熟悉并掌握与财务相关的经济管理知识以及现代经济管理的方法，如量本利分析法、目标管理法以及审计学等。

其三，组织企业财务管理人员参加财务管理以及企业管理培训，满足培训要求的财务管理人员可以上岗从事财务实践工作。通过提高财务人员的专业水平以及财务管理能力，提高企业整体的财务管理能力，以进一步降低企业的财务管理风险。

（三）推进财务管理信息化建设，提高精细化管理技术水平

随着现代信息技术的发展，企业可以实现财务管理的高效、统一和集中化管理。企业积极进行财务管理以及企业管理信息化建设，不但企业自身的资金管理可以实现高度的统一集中，而且可以加强企业自身的管理，将企业自身的改革创新引向深层次，

从而建立现代企业管理制度。另外，企业的信息化建设也有助于提高企业自身的财务管理水平，提高企业资金的利用率，降低资金使用风险，增强企业的核心竞争力，这对企业的长远发展具有重要的战略意义。对于达到一定规模的企业来说，还可以提升其参与国际竞争的实力。

企业通过提高精细化管理水平，可以帮助其财务管理人员减轻日常会计核算的负担，这可以为相关人员腾出更多的时间和精力，进行更为复杂的财务分析工作，从而做好财务预算管理以及成本管理工作。通过精细化的管理理念，企业可以将资金的使用以及成本的管理控制在理想的水平上，这使企业自身的管理步入正规化和制度化，也提升了企业在市场中的竞争力。

企业生产经营活动有了信息化的参与，再加上精细化管理的应用，企业从原材料的采购到最终产品或服务的成功销售，甚至到售后服务阶段，都可以实现全产业链条的实时监控。同时，企业还应不断学习和掌握先进的管理理念与管理方法，使自身资金流、信息流、工作流以及物流等实现高度统一和系统集成。

（四）资产结构的优化创新

在这里，需要引用一个概念——知识资产。所谓知识资产，是指在知识经济时代背景下，在企业的生存和发展过程中产生的显性知识和隐性知识价值的总和。知识资产并没有具体的实体形态，它需要通过一定的载体才能得以展现，并在一定的阶段内可以为企业带来经济收益。

知识资产可以大致分为有形知识资产和无形知识资产。有形知识资产如专利授予的合同协议以及工业品或产品外观设计；无形知识资产如产品品牌、企业的商业机密、企业管理机制和企业中的群体技能等。[①]

常见的知识资产有以下四种类型。

一是市场资产，其指的是企业自身具有的与市场相关联的无形资产，其中包括产品的品牌、长期的客户资源、客户的信任度、产品的销售渠道、专利授予的合同协议等。

二是知识产权资产，它是知识产权的汇总集合，其中包括版权作品、企业或产品商标、产品专利、工业品或产品的外观设计、企业的商业秘密等。知识产权资产不仅可以提升企业产品或服务的价值，还是企业利润提升的关键因素。从更广泛的经济意义上来说，知识产权资产也是人力资本的组成部分。

三是人力资产，其指的是企业的管理机制、企业的领导能力、处理问题能力、创造力、企业中的群体技能等隐性能力。

四是基础结构资产，其指的是企业自身运转的技术、工作方式以及工作程序。

---

① 邱均平，张蕊，文庭孝，等．知识管理学概论（修订版）[M]．武汉：武汉大学出版社，2019．

在新经济时代中，知识资产在企业经营过程中的作用日益凸显，而企业的传统资产结构的局限性表现得也更加明显。因此，企业要想紧跟时代潮流，顺应社会发展，就必须遵照知识经济的要求来优化资产结构，为此，企业要做到以下三点。

一是明确知识资产与传统金融资产之间的比例关系。在过去，企业传统的管理理念是把金融资产等显性资产作为企业的主要资产，并对其进行成本核算、资产统计以及资产管理；而在当下的知识经济体系中，知识资产发挥着越来越重要的作用。企业应当在维持既有传统金融资产管理的前提下，将更多的精力放在知识资产的经营和管理上，并将财务管理的重心转移到对知识资产的统计、核算、分析以及评价上，以此来提高企业的核心竞争力。

二是明确知识资产证券化的种类和期限结构、非证券化知识资产的债务形式和权益形式，以及知识资产中人力资本的产权形式等。知识资产的证券化是指以企业知识资产未来所产生的现金收益为偿付手段，通过资本结构化的设计进行资产的信用增级，并以此为基础，发行知识资产支持证券的整个过程。企业可以通过知识资产的证券化来进行融资，把自身的知识资产进行即时变现，并将证券化获得的资金用于企业的持续发展，以进一步提高企业的综合实力。明确知识资产证券化的种类和期限结构有助于企业进一步掌握自身的资金状况，以便合理地使用和调配资金，发挥资金的最大效能。

三是明确传统金融资产内部之间的比例关系、层次和形式。

（五）加强企业成本费用管理

企业的成本费用计算通常按月进行。企业可以根据自身生产经营需要、生产管理的组织架构以及成本管理的要求，制定符合自身成本的计算方法。成本计算方法经过确认后，就不能轻易改变。企业应当严控企业各项成本费用的支出标准和支出范围，有效利用每一笔资金，合理分配企业各项成本和费用的使用，通过成本核算的方法降低成本。企业先要做好成本以及费用核算的基础工作，真实全面地记录原始数据，明确成本的责任划分，将资金的计量验收以及资金的收发凭证落实到制度上，实时监测产品动态和产品收发的变动情况，避免原材料的积压、毁损和短缺现象。企业应当定期进行成本数据分析，挖掘成本管理潜力，以降低资源与资金消耗。

（六）加强资产管理的内部会计控制

实物资产内部管理的主要工作包括实物资产的验收入库、使用发出、保管和处置。首先，企业应当对实物资产的管理建立严格精细的授权审批制度，制度应当明确审批人对企业实物资产管理的授权审批程序、权限、方式以及相关控制措施，规定经手人办理实物资产管理的工作要求以及职责要求。其次，企业的财务部门应当对所有实物资产的购置进行及时入账管理，应当建立企业资产台账，对于固定资产和易耗损资产应当采用永续盘存的方式，随时反映资产的存储入库和收发情况，定期盘点实物资产，并与账面数据进行比较，检验是否出现短缺或者遗漏情况，同时查清其原因。再次，建立固定资产的维修管理制度，对于维修资金的申请和使用、维修工作流程的审批控制进行管理。最后，要建立一套完整的固定资产处置管理制度，对企业资产报废的审批、固定资产的评估以及会计账目管理等进行控制和管理。

（七）规范企业的预算编制工作

预算编制工作的进展直接影响企业各方面工作的开展，它是影响企业生产经营活动的重要因素，因此，要高度重视预算编制工作。首先，企业财务部门应当加强预算编制的事前调查、数据收集和取证，预算编制的数据基础必须具备真实性和有效性。其次，企业预算一旦编制完成，就不能随意进行更改或者调整，即使有必要进行调整或修改，也应当具有确凿的依据并且根据科学的程序设计进行，要加强预算对资产管理的权威性和约束性，增强各部门严格执行资产预算的意识。再次，要严格执行奖惩制度，凡有违法违规行为，必须按法规及制度规范进行严惩。预算编制的过程要秉持公平公正的中立立场，不能受人为因素的影响，始终保持客观严谨性。最后，预算项目要尽可能详细、充分、全面地进行记录，以求能够真实地反映企业各个部门的绩效水平；同时，真实且全面的预算数据，也可以指导各个部门工作的顺利开展。

第三节　会计管理体制概述及实践创新路径

本节会计管理体制的创新路径包括会计管理体制的内涵、现有会计管理体制有待提升之处、会计管理模式实践创新路径三方面内容。

一、会计管理体制的内涵

（一）会计管理体制的含义

所谓会计管理体制，是指一个国家或地区在一定的时期内，根据自己所处的社会环境和经济发展状况，参与经济活动，对各项会计活动进行干预、控制、管理时做出的一系列机制和制度上的安排，并据此制定的一系列会计标准规范。其中有两点需要重点关注：一是会计管理体制是一个国家或地区根据自身所处的社会发展背景和发展情况来制定的，每个国家或地区所使用的会计管理体制都不尽相同，都带有自身国家或地域特点；二是会计管理体制所要解决的主要问题是如何干预、控制、管理和指导会计工作，它是一切会计工作开展和落实的依据。

（二）会计管理体制的内容

前文已经介绍了会计管理的基本定义，下文将从五个方面详细阐述会计管理体制的工作内容。

1. 会计工作的从属关系。企业的会计工作均由财政部门管理，并在各级财政部门之间实行"统一领导、分级管理"的原则。企业的会计工作都由国家宏观调控和相关政策引导，并按照各地会计管理的相关准则开展工作。企业的会计工作既要顺应国家发展战略，又要满足地方经济发展的需要。此外，还要根据企业自身情况和长远发展规划进一步落实。

2. 设置相应的会计机构。设置相应的会计机构，也就是所谓的会计制度的制定权限。企业会计工作的开展要在相应的会计机构中实施，设置专业的会计机构，也就赋予会计机构相应的制定会计制度的权限。在允许的范围内，会计机构可以进行自主管理，对企业进行有效的会计核算，合理的会计监督，制定符合企业发展的各项会计政策以及会计制度，并参与企业各项计划的制订以及考核计划的落实。不具备设置会计机构资质的企业，可以将企业的会计工作委托第三方会计中介机构进行代理记账。

3. 会计人员管理制度。对于会计人员的管理是会计工作的一项重要内容，管理若不到位，再出色的人才也很难发挥其应有的能力。会计人员管理制度要规范会计从业人员的职业道德，保证其依照国家相关的法律法规从业。企业会计人员应当具备从事会计工作所需的业务技能和理论知识，可以独立处理基本以及复杂的会计事务。

4. 会计人员职责。会计人员的职责主要包括编制并严格执行财务预算和计划，遵守各项收入制度、费用开支的范围和标准，梳理资金的来源，合理且充分地使用资金，最终完成财务制定的目标。企业应当不断加强资产和现金的管理，及时做好结算工作，定期对阶段性的会计数据进行分析处理，并与企业的发展规划相比对，判断是否满足企业未来的发展规划以及企业的生产经营活动是否处在正确的发展道路上。在新经济时代背景下，会计人员不仅要对企业的有形资产和资金进行统计和核算，还应当注重企业无形的知识资产的核算和管理，甚至可以对能够产生价值的一切有形或无形的事物或人力进行核算以及管理。

5.会计运行机制。会计运行机制是将会计工作中的各项要素进行联结和有机结合，并在各要素之间自由地进行调节，各要素之间存在着很强的依存度。会计运行机制也可视为国家宏观政策与企业微观效益之间的联结器。在会计工作的实践中，会计运行机制可以使企业实现自主管理。

企业的资金能力，使企业成为一个独立的自负盈亏的经济实体。同时，可以把会计运行机制看作编制好的"代码程序"，在人为编制好之后，程序运行过程中，就不需要人为再进行干预。经过充分论证和完善的会计运行机制可以降低企业的人力成本和管理成本，从另一个角度来看，这也是在提高企业的生产经营效益。

（三）会计管理体制的特点及作用

会计管理体制的主要特点是动态性，其可以随着社会经济发展以及企业的长远规划和市场需求，而进行相应的调整和完善。也正是因为其具有的动态性，所以也就有了独特的自身特点，几乎没有两个完全相同的会计管理体制。不同的环境会形成与之相适应的会计管理体制，环境发生变化，会计管理体制也随之发生应有的调整。这种动态性可以有效地适应当今社会不断变化的经济发展趋势，而能否快速地适应环境的变化，则要看各个企业自身的经营管理能力和状况。

会计管理体制可以使企业内部管理机制更为明晰，健全和完善企业内部的监督管理机制，提高会计人员的综合素质，从而使企业的会计信息更为真实有效。完善的会计管理体制可以使会计人员的工作变得轻松便捷，会计工作标准更加明确。由于有了科学的方法和流程，会计工作更加专业化，在提高效率的同时，提升了会计工作的精准性。

二、现有会计管理体制有待提升之处

传统的会计管理体制有着双重性的特征，会计人员既是会计信息的管理者，也是企业自身利益的维护者，又必须站在国家利益的立场上，行使监督的职能并保障国家的利益不受损害。当国家利益与企业利益发生冲突时，就只能依靠会计人员自身的职业素养与道德。这时，必须有强有力的监督管理机制对其进行制约，而不可任由会计人员自行决定取舍。相关的会计管理体制应当尽可能列明会计从业人员的工作流程与工作准则：一方面，减少会计人员决策的时间成本、人力成本和物力成本；另一方面，对会计人员的工作行为进行统一的规范和指引，也能最大限度地避免人为因素给企业带来的负面影响和损失。还有的会计人员容易受人情因素的影响，如对上级的意图一味地迎合，甚至按照企业领导的意图做出一些违反会计规范的事情。这不仅给相关的会计人员带来极其负面的影响，还会给相关领导以及企业自身造成无法挽回的损失。下面从三个方面来详细介绍会计管理体制有待提升的地方。

（一）会计信息失真

由于相关会计制度和机制有待进一步完善，企业会计主体的独立性较弱，因此，不能有效地抑制企业财务无序收支的乱象，造成国有资产以及企业资产的普遍流失。影响企业会计人员的因素较多，是否感情用事主要看会计从业人员自身的职业素养以及职业操守。所有措施实行的目的都是保证会计信息的真实性，这是一切会计工作内容的基础。没有会计信息的真实性保证，其他所有会计工作的意义也就无从谈起。

（二）会计监管不严

会计管理体制的顺利实施需要行之有效的监督管理机制，而其中仍然存在着一些不足之处，企业中会计监督的法律地位以及会计人员的执法地位还没有得到社会和企业内部的广泛认可，很多时候仍旧将会计人员视为企业所有者唯命是从的跟班，认为会计人员应该听从企业领导的单向指挥，而不是将会计部门看作一个独立的部门，认为其没有自主管理的权限。会计人员没有自主管理的权限，就没有制定相关制度的权力，从而不能保证会计信息的准确性以及客观性，也就不能有效地履行会计工作所赋予的职责。

（三）法律体系不完善

与会计管理体制相关的法律体系不完善表现在以下三个方面。

第一，缺乏对相关会计虚假信息具体认定的规定。会计管理体制相关的法律体系还有待完善，一些较为具体的条款还有待制定和出台。

第二，会计法律责任难以界定。在会计司法实践的过程中，一项虚假信息的披露，从原始数据到会计报表的公布，中间涉及诸多会计环节，所涉及的部门和人员也较多，如财务管理人员、公司监管机构、财务部门负责人以及注册会计师、会计信息发布的媒介等。相关的法律法规可以进一步细化到每个环节所应该承担的责任，并将会计工作的内容进行精细化划分。这样，一旦出现虚假信息，能够及时明确到部门或个人，并明晰其所应承担的责任。

第三，会计人员专业素养偏低，缺乏责任心，原则意识较弱，这些因素直接降低了会计信息的质量。会计人员专业素质水平的高低直接影响会计工作的质量。专业、责任心和原则性是会计人员应当具有的基本素质。

三、会计管理模式实践创新路径

会计管理体制的创新是一项复杂而又综合的系统工作，需要循序渐进、有条不紊地实行，它要经过由权力治理、人员治理到法规治理的过程。因此，下文将从三种制度来阐述会计管理模式的创新之处。

（一）会计委派制

会计委派制是国家以企业所有者的身份对企业行使管理职能，对国有企业或事业单位的会计人员统一进行委派的一种会计管理体制。在这种管理体制下，各级政府设立相应的会计管理的专业机构，负责国有大中型企业（包含事业单位）会计人员的日常管理、任免、委派和调遣；会计人员可以从企业的日常管理中独立出来，作为政府的代表，对企业的生产经营活动进行系统、完整、综合以及真实的数据分析，以实施管理和监督；企业的领导层拥有企业完全的财产处置和管理权，对企业生产经营过程中的所有收入和支出的经济性、合理性、合法性以及效果性负有全部的受托责任。

会计委派制从编制上实现了会计的独立性，保证了会计信息的真实性与客观性，以此为基础，也就可以有效地避免国有资产的流失。

此外，其他企业也可以效仿这种会计委派制，由独立的第三方会计机构来对企业进行会计信息的管理。当然，这需要政府制定相应的会计工作法规，代表一种强制性，以这些条件为前提，会计工作在企业之中的独立性才能有所体现，才能客观地反映企业相关的会计数据，进行之后的一系列工作。

（二）财务总监制

财务总监制是国家以企业所有者的身份凭借其对国有企业或事业单位的绝对控股（或控制）地位，而向国有大中型企业直接派遣财务总监的一种会计管理体制。这种会计管理体制的创新，可以在新经济时代解决转型期会计工作无序化的问题。

首先，财务总监行使管理和监督的权力，可以更好地利用其产权优势，发挥所有者的权力，行使监督管理的职责。通过财务总监的委派，国家对于企业生产经营的管理和监督能够更好地落实到位，解决企业内部自行管理不规范和财务监督不足的问题，在经济转型时期，有助于企业顺利过渡，也更能体现和深化国家对于国有企业所有权和经营权的分离。站在企业的角度，通过此项制度，企业能够有效地借助外在监管来约束自身的经营发展行为，走向良性经营之道。

其次，财务总监制的会计管理体制既借鉴和吸收了总会计师和内部审计中的部分财务监督和管理职能，又弥补了总会计师在企业中管理和监督不到位的问题；不但避免了企业进行内部审计时出现的各种无效的审计工作，而且避免了企业监事会在监督管理上出现的滞后性，更避免了企业在财务管理上收支无序的情况出现。

最后，相较会计委派制来说，财务总监制在体制上的创新符合精简政府机构的原则，使制度在运作上可以减少成本开支，提高企业的经营效益。

其他非国有企事业单位同样可以借鉴这一创新制度，通过第三方委派的财务总监，对企业财务上的相关事项进行独立的监管，保证企业财务数据的真实性和客观性，让企业更理性地根据自身的生产发展情况制定相应的长远战略，帮助企业自身持续且良性经营，以应对日趋激烈的市场竞争。当然，这需要国家投入一定的资金以及人力支持，并进行相应的制度化建设，还要考虑企业自身发展的自主性，不能影响企业在产品和技术等方面的创新性。在财务总监制与企业发展的主动性之间寻求平衡点，既可以帮助企业规避传统会计管理存在的风险，也不能打击企业发展的积极性。

（三）稽查特派员制

稽查特派员制也可以称为总会计师制度下的稽查特派员制。在这种体制下，国家有关部门可以帮助国有大中型企业总会计师更好地构建组织架构以及落实职能，更好地开展总会计师的任免、管理、考核、培训以及赏罚等工作。此外，通过稽查特派员的派遣，国家可以对国有大中型企业更好地实行监督管理，推动企业的有序发展，更好地利用国家、社会以及企业资源。稽查特派员制的实施，对于国有大中型企业来说，可以帮助其更好地选择企业经营者，并形成一套有效的约束与激励机制。

其他非国有企业可以借鉴稽查特派员制度，由第三方公司或政府派驻到企业的稽查特派员，对企业会计管理工作进行定期的稽查和监督，以帮助企业更好地从事生产和经营活动。

第四节　财务管理创新与会计实践发展的融合

本节财务管理创新与会计实践发展的融合涉及两方面的内容，即财务管理与会计实践发展的不足之处和财务管理与会计工作的实践创新路径。

一、财务管理与会计实践发展的不足之处

(一)财务管理体制不健全,财务预算有失精准

企业财务方面的发展意识不足,致使相关体制不健全,资金预算上存在不足,容易出现漫无目的的投资,也就是在不做任何市场调查的情况下,就投入生产,不做资金使用的预算工作;或是虽然做了相应的预算工作,但工作做得不精细,得出的结果没有参考价值。

(二)缺乏严格且有效的监管及管理体制

通常企业的规模越庞大,其组织的层级和结构就越复杂,内部部门间的协调与沟通就越困难。有时,各个部门的职能划分不明确,企业的资源或资金不能被充分利用,因此,财务预算也就无法制定,监督工作也就没有着力点,为日后的审计工作带来了障碍。尤其是涉及大体量资金的投资项目或是大额的支出,企业财务一旦把控不严,就很有可能造成重大损失。

(三)资金利用率低且分散

有的企业资金收支缺乏整体的统筹安排,致使资金的使用变得混乱无序,出现乱收乱支的现象;还有的企业将生产发展资金用作其他无关领域的投资,致使企业资金被无端滥用,收益得不到保障,同时,影响企业的生产经营活动。

(四)企业不合理利润分配

有些企业由于自身组织庞大,组织结构不合理,各部门的职能没有明确划分,如何进行权力的集中和分配以及何时将权力集中,何时将权力分散,都没有合理安排,致使组织结构松散,权力过于分化或过于集中。在这种情况下,企业的精力和资源容易发生空耗,管理效率低下,管理成本上升,产生的收益率也会下降。

(五)财务和会计人员的业务和服务水平不足

企业财会人员整体素质不高,将会制约企业的稳定生产,企业高技术人才的匮乏也影响企业的高质量发展。财务及会计人员同样需要高技能人才,从而为企业实现信息化建设提供人才支持。在这一前提下,企业的财务管理能力才能得到进一步提升。

二、财务管理与会计工作的实践创新路径

（一）理念创新

1. 知识化财务管理理念。在知识经济时代，知识在企业财务管理中的重要性日益凸显，知识可以通过信息来获取。在财务管理与会计实践过程中，信息掌握的多少直接影响财务管理成效的大小。与此同时，并不是有了知识就代表已经掌握了知识，如何将知识与实践相结合，把知识的作用充分发挥出来，也是一名财务工作人员所要解决的问题。知识、财务管理的方法、会计核算的计算公式，这些都只是解决问题的工具，财务管理人员以及会计工作人员应当利用这些工具，在管理好企业资金的前提下，实现企业利润的最大化。

2. 以人为本财务管理的理念。在财务管理工作中，人才发挥着决定性的作用，人才培养是财务管理工作始终保持可持续发展的根本前提。在人才培养道路中，激发人才发展的主动性是关键中的关键，激励是保持创新性的重要策略。众所周知，创新是民族发展和社会进步的灵魂，各个领域的发展都离不开创新，人才培养道路更需要创新，财务管理与会计工作人才的培养，依然要将创新视为重中之重，激励也必须凸显出创新性。毋庸置疑的是，出色的财务人员能够面对各种形势临危不惧，能够将企业风险降到最低，甚至能够帮助企业避免一切潜在的风险，确保企业在发展道路中有充足的资金作为发展的保证。对此，有效激励财务人员最终踏入优秀的行列，显然要有完善的激励制度，方可充分调动其积极性使其主动参与日常工作，为实现专业技能和能力的自主化发展提供助力，为企业实现利益与价值最大化提供有力的帮助。

3. 财务管理信息化理念。在当今社会发展中，信息化已经深入人心，在各个领域发挥着巨大的作用。在企业财务管理过程中，信息化的作用同样不可替代，提高了管理的效率和准确性，信息化支撑企业减少人力、物力、财务成本，形成了一套标准化的管理制度。信息化以信息为媒介，财务管理工作中的一切工作内容都是围绕信息来展开的，不管是信息的收集、汇总、统计，还是信息的分析、处理、评价，甚至是财务报表和会计报表的编制等，都离不开信息。虽然从表面上看，财务管理工作只是针对信息做一系列的处理，但实际上，信息包含着丰富的内容，涉及企业生产经营方方面面的数据，一切量化的数据；或是通过一些评价方法可以转化为量化的数据，都属于信息的范畴。信息化不只体现在数据的准确性和高效性，还可以指导企业决策者进行管理创新，确定企业未来的发展方向，帮助企业进行制度创新等。在财务管理信息化的带动下，企业内部其他部门也可以进行信息化管理，将日常的工作内容数据化和

指标化，通过信息化技术加以处理和分析，对历史数据进行汇总，预测未来的发展方向等。

4.企业结构化财务管理理念。对于企业日常生产管理中的资金，盈余或是短缺都是不正常的现象，都不利于企业资金的充分利用。当资金短缺时，企业应当采取短期或是中长期融资方式，缓解或弥补企业的资金缺口；当资金盈余时，企业应当根据盈余资金的时间以及数量，选择合适的投资渠道和对应的投资方式，或是用组合投资的方式，让企业的盈余资金最大限度地产生收益。需要特别注意的是，企业在利用盈余资金进行投资时，应当充分考虑企业自身资金的安全性，资金的使用要以企业自身的生产发展为主。

（二）目标创新

1.综合财务管理与会计工作目标。一家企业的生存与发展不只是表面上的以利益最大化为最终目标，也要考虑企业价值的体现和社会价值的贡献。因此，企业的日常工作和生产发展都是一项艰难、复杂且综合性极强的工作。这就要求企业的财务管理部门和从事会计工作的相关人员进行有效的协作，以处理和解决复杂繁多的工作。财务和会计管理人员所制定的工作目标也需要综合化，将技术、能力、知识、制度以及流程等加以综合，相同或相似流程的工作可以进行合并和归类。可以制定整体工作目标或制订工作计划，统筹各方人员，把同类的工作进行合并，把复杂的工作加以简化，以提高工作效率，降低管理成本。

2.企业利益多元化目标。企业不仅要考虑自身资产和资金的持续增值，而且要考虑企业投资者和所有者的利益，保证其投资的资金实现增值。不管企业的所有者为国家、企事业单位、团体还是个人，企业都要充分考虑其各方利益。但归根结底，企业的最终目标还是企业自身的利益最大化，企业只有不断增加收入、增长利润，所上缴国家的税收才会增长，企业的投资者才会拿到更多的投资回报。

3.强化社会责任和企业无形价值。上文提及企业的生存发展，不只是为了追求利益的最大化，也不只是为了企业自身更好更快地发展，还应当考虑企业价值、企业责任、社会责任等问题，这也是企业发展的方向。毕竟一家企业并非独立存在，企业时刻都与企业内部的职工、外界社会、其他企业或组织等发生着联系，企业只是这个大环境中的一部分，在共同营造的社会环境中，企业也应当承担相应的职责。及时足额缴税，是企业的社会责任中一项最基本的行为。

（三）内容创新

1.融资管理创新。社会的发展和技术的进步，对企业的发展也提出了更高的要求。

企业的融资管理不能局限于传统的筹资方式，也不能局限于资金的筹集，知识资本的筹集，也应当作为企业筹资管理侧重的方面和领域。

2. 投资管理创新。当今，社会发展和技术进步日新月异，社会对知识的诉求不断提高，与此同时，企业对知识资本的青睐也与日俱增。人们投资不再局限于高耗能或重资产等传统行业，而是将更多的目光投入新兴科技领域，如新能源、新基建、新技术、生物医药、电子科技等新兴产业。拥有高附加值的企业和知识型企业，受到越来越多投资者的追捧，作为投资者的企业必须改变固有的思维模式，从多维视角来审视投资方向，紧跟时代和科技的发展步伐，不断更新知识结构，不断进行组织管理创新，借助新知识与新技术的"东风"，实现企业价值和收益的最大化。

3. 无形资产投资管理创新。过去传统的投资模式主要侧重于有形资产，如对固定资产和有形项目的投资等，进入知识经济时代后，知识、品牌、价值、竞争力等无形的资产已逐渐引起投资者重视，而对于无形资产的投资管理还有待完善，对无形资产的评估也需要科学的方法和手段，这就需要加强相关的人才队伍建设，建立和完善相关投资管理制度。同时，企业还要敢于在实践中进行探索和创新，在问题和困难面前，要善于寻找有效且简捷的方法。只有不断地学习、尝试、总结，才能自如地应对挑战，在竞争中胜出。

4. 加强风险管理。企业的风险管理是财务管理中一项最为关键的环节，其把控着企业资金使用的安全性。风险管理涉及企业的投资、筹资、成本等方面，企业若对生产经营中的各项风险失去管控和管理，则将导致企业蒙受巨大损失。即使企业在其他方面做得再出色，也很难弥补风险所带来的亏空。

作为企业财务管理工作的核心，风险管理的受重视程度日益凸显，加之社会大环境和金融市场的变化不断加快，风险管理所承担的任务也更加艰巨。企业的财务管理人员只有不断提高自身专业水平，及时获取相关政策和市场变动的信息，并进行科学合理的分析和预判，才有可能在不确定的环境中生存下去，将风险降到最低。企业在进行风险管理时，必须具备预判意识，先要将收集到的相关风险信息进行汇总和分析，做出初步判断，然后根据现有信息以及历史数据，判断未来发展趋势，提前做好风险防范的准备工作，最大限度地降低风险发生的概率。随着时间的推移，财务部门还要根据数据的变化，随时对预判结果进行更新，实现分析的动态调整、信息的动态发布，避免"刻舟求剑"现象的出现，不应受限于固定不变的数据信息，而要做到在变化中调整，在调整中不断发展，以规避各项风险的发生。

第五节　新经济时代财会工作实践面临的挑战

新经济时代财会工作面临的挑战包含四个方面，其中有国际化复合型会计人才的挑战、市场化的挑战、信息化的挑战以及诚信的挑战，下文将对此详细进行阐述。

一、面对国际化复合型会计人才的挑战

当今世界的经济全球化趋势日益显著，资本、交易、生产等经济活动和生产原材料都不只局限于一个国家和地区，企业的会计人员必须敢于接受世界范围的流通和配置所带来的挑战，同时要抓住全球化带来的机遇，其中包括全球化的会计人才、会计理论研究以及会计师事务所等国际化带来的问题。

国际化复合型会计人才是企业融入全球化经济战略的重要基础。国际化复合型人才应该掌握国际通用的会计审计标准，了解国际贸易和商务规则，能为企业提供会计审计服务，帮助企业进行国际资本运作、组织改革管理、政策制定、相关会计事项的咨询，以及在企业的国际战略上提供专业的服务等。会计市场的人才虽然众多，但具有国际化视野、熟练掌握会计准则要求的，又能灵活解决国际化问题的，并能开创性地开展会计工作的人才极度匮乏。

二、面对市场化的挑战

未来企业的财务报告中有可能出现大量的非财务信息，如果会计人员不能及时对客户的信息需求做出反应，有可能会出现被动的局面。这就要求会计工作人员转变思想观念，时刻保持创新意识。

现代化的企业对企业财会人员提出了新的要求，要求会计不仅要从企业的资本运作、风险管理、成本管理以及公司治理等多个角度制定解决方案，还应当主动挖掘市场潜力，不断提高会计服务的敏感性与主动性，为客户提供全面而真实的信息。

会计人员也不应局限于自身行业，应当时不时地跳出会计范畴，站在旁观者的角度，或是站在投资者以及管理者的角度看待会计工作。这样可以调整会计工作的思路，让会计工作的语言变得更加通俗易懂，以方便彼此之间的交流。

研究并分析会计信息同经营风险和市场整体运行之间的内在联系，设计一套会计指数体系，并进行数据收集以及数据分析，将会计与统计统一起来，对各行业和全

产业链上下游的会计信息进行全面深入的分析与判断,将对市场整体运行状况起到评价、引导、预警作用。此法不但可以在一定程度上提高会计信息的认可度,而且可以提高会计工作在企业生产经营中的地位和影响力。

三、面对信息化的挑战

(一)企业财务管理信息化建设中的常见问题

1. 对财务管理信息化重要性的认识不足。企业在发展初期,通常所需人数较少,企业的生产管理工作也较为简单,但随着企业的不断发展,企业的管理工作日益复杂,财务管理工作也会不断地深入和细化,企业生产经营的相关财务数据也会越来越庞大,财务管理人员需要处理大量企业信息数据,工作量逐渐增多。传统的财会工作有时需要财务人员手工处理一些数据信息,如账簿信息与书面信息。这种方式不但需要花费较长的时间,而且在数据量大、业务复杂的情况下,数据的真实性得不到保证。传统的通过手工进行信息处理的方式已经不能满足新经济时代企业发展的需要,因此,应当建立一套现代化的企业信息化管理体系,以提高企业的财务管理能力及效率。许多企业在进行财务信息化管理的时候,企业领导层对此缺乏足够的重视,企业各个部门也并没有对信息化管理形成全面认识。企业要想谋求自身的更好更快发展,就必须进行全面、系统的信息化建设,并将信息化管理放在企业管理工作的核心位置,只有这样,企业才能真正实现现代化管理。

2. 信息真实性不足。在现代企业的管理中,信息管理是其中重要的工作内容,真实、客观的数据是企业进行科学决策的依据。在企业的经营管理中,资金的使用和收益以及资产的利用情况等都要以真实、可靠的信息为依据。如今,许多企业都存在信息失真、缺乏客观性等问题,并且在收集财务数据时,缺乏对数据的深入挖掘和分析,导致企业信息缺乏透明度,信息不对称,不能进行信息的统一汇总。企业应当采用统一的数据处理软件,以保证信息的一致性,从而提高信息的整合度和使用率。企业的信息化管理可以有效地实现企业财务对资金的控制,为企业的长远发展提供有效的数据支持。

3. 会计流程缺失。传统的会计流程是把收集来的企业数据存储到信息系统中,这就很难反映企业经营状况的真实性,信息传递的时效性也较弱,容易造成会计信息的滞后,降低信息之间的关联性,致使企业无法真正地对资金进行管理与监督。随着信息技术的发展与应用,一些企业将信息技术融入企业会计信息管理中,但由于传统财务会计结构存在局限性,因此,信息技术得不到充分的发挥和使用,没有相应的财务会计流程与之相配合,导致会计流程的缺失。

4.财务信息管理人才不足。企业在财务管理方面的人才储备不足,有的企业对人才的重视程度不够,有的企业虽然重视人才的引进,却没有与之相适合的招揽人才的方案,不能真正招到有能力的人才。大部分企业还存在家族式的管理模式,企业内部人员的素质并不高,财务管理人员的学历也较低,自然也就缺乏专业能力,不能满足现代企业管理的需要。

5.企业管理人员重视不足。在新经济时代中,企业的长足发展需要完善的信息化管理系统。但配置一套这样的系统,其整体的工程量巨大,所涉及的领域和范围也较广,其中包括企业的管理模式、资金运作方式、生产组织形式以及管理理念等。这样一个巨大的系统工程,需要企业的领导层高度重视,并协调和调用相关管理人员。只有在企业管理层的重视以及各部门之间的配合下,财务信息化管理工作才能顺利开展。

(二)企业财务管理信息化建设存在问题的原因

企业在财务管理信息化建设时产生的问题,其原因通常不是由一个因素造成的,而是由很多因素共同造成的,既有主观原因,也有客观原因。

1.对企业财务管理信息化建设的认识不到位。建立财务管理信息化系统是一项工作量很大的工作,其中包括企业管理模式、资金运作方式、企业组织架构以及管理理念等方面的变革。在实际的经营管理中,有些企业的管理者安于现状,缺乏创新意识;有些企业的领导者只顾企业的眼前利益,缺乏长远的战略规划,也很少考虑企业发展壮大的问题;有的企业决策层对财务管理信息化的认识不深入,只做表面上的应付,这样使得财务管理的信息化难以实行。

2.消极防范安全问题,导致资源闲置浪费。安全问题是财务管理信息化的重要内容。企业在进行信息化管理的过程中,应当防范企业信息被窃取、篡改和泄密等事件的发生,但也不要因为担心存在信息安全的风险,而因噎废食地不再实行信息化管理。有些企业不会灵活运用信息化的管理方式,容易走极端,排斥信息化管理,根本不愿进行管理创新,不接受新鲜事物;有些企业一味地采用信息化管理方式,重大事项也通过信息化的方式解决,虽然这并不是绝对的不好,但面对面直接沟通和传达信息是一种最直接和最有效的方式,也是一种解决信息安全的有效措施。

企业应当采取一些有力的措施防范这类安全问题,但通常企业或部门只会利用封、停、堵等方式,没有其他更为有效的措施,治标不治本。另外,有些企业为了达到信息安全的标准,不注重工作实效,也会影响财会人员使用网络的积极性。

3.管理软件版本老旧,难以满足财务管理工作需求。企业要想建立起一套完整且能有效发挥作用的信息化管理系统,就必须以与之相适应的财务管理软件作为技术支撑。当前，国内缺乏能够自己开发适合本企业财务管理需要的软件的专业人才，而国外大公司开发的软件不但价格昂贵，而且通常不符合国内企业自身的需要。

4. 财会人员应用技能水平较低，运行与安全难以保障。财务管理的信息化是财务管理科学发展中的新领域，它要求财会人员要同时掌握计算机网络知识和财会知识。目前，很多企业的财会人员所掌握的网络知识有限，一部分财会人员虽然了解一些网络技术的知识，但属于基础的计算机操作的简单知识，对网络技术的使用还处于初级水平，这导致网络的安全运行没有充分的保障。一旦网站被进攻或是被非法入侵，轻者可能让正常的工作停滞，严重的话，可能会产生企业的商业机密被泄露的风险。

5. 责权不明晰，维护管理跟不上。对企业财务管理信息化系统的管理，应由多方共同进行，如通信与企业信息化相关部门、各级行政主管部门、业务的主管领导、保密委员会和保卫部门等。在管理方面，检查的领导谁说了都算，但对于财务管理信息化系统的维护谁都不管，网络维护管理工作异常艰难。通常来说，财务管理信息化系统构建只有人力、物力和财力的投入，而没有任何的表面收益，这会让只重眼前利益的企业消极对待。在日常的财会工作中，软件的开发、硬件设备的更新换代，网络、线路和机房等的维护，都需要企业投入大量的资金，而这些资金通常不会纳入企业日常预算项目。就像失去水分的植物不能健康生长一样，没有资金支持的财务信息化管理系统，也无法得到应用和发展。

四、面对诚信的挑战

诚信是会计行业的核心，是会计行业的灵魂所在，会计工作的诚信也是整个市场经济健康运行的基础。随着国内市场经济的发展，市场化程度逐步提高，市场交易更加复杂，因此，诚信对会计工作的各方因素有了更高的要求。

每一次诚信危机后，都会有新的会计制度进一步规范会计师的诚信问题，但无论何种制度的制定，都没有提高公众的信心重要。在新的经济环境下，一旦公众的信心丧失，企业可能要通过很长时间才能重新建立，这甚至会影响企业在未来的发展。现在国内经济遇到各种挑战，法治建设也有待完善，一些经济制度以及体制有待改进，会计工作人员在面对利益诱惑时，可能会面临诚信原则的挑战。因此，提高会计人员的道德素养，准确把握各项审计和会计准则，坚持会计判断的专业性至关重要。

随着国内经济改革的不断深化以及市场经济的不断发展，未来会计工作将会有更大的发展空间，会计人员也将面临信息技术现代化以及经济全球化带来的挑战。为了更好地应对挑战，会计人员要以科学发展观为指导，不断创新、不断应对变化与不确定性，使会计行业更具竞争力与活力。

第六节　新经济时代财会工作实践创新发展路径

对于企业财务和会计人员的管理体制构建，应当遵循一项基本原则，即"人"与"事"区别管理，也就是企业对财会人员的职业技能的资格认定管理和人事任免管理应当分开，应当建立一个综合且权威的全国会计机构，或成立一个总会计师协会。下文将从五个方面详细阐述新经济时代财会工作创新发展路径。

一、对财会工作人员职业任免统一管理，实行"人""事"分管

总会计师协会负责会计整体工作的协调与管理，分会设在本地区的会计师事务所。所有会计人员都归会计师事务所管理，事务所对所有会计人员进行登记。企业需要会计人员时，也可从会计师事务所选取。企业一旦选定会计人员，则与会计人员签订合同。会计师事务所可与会计人员商讨薪酬待遇以及工作要求。各会计师事务所为了争夺客户以及人才，都会尽可能地招揽优质企业客户以及专业能力较强的会计工作人员，这些会计师事务所需要这些专业能力较强的会计人员来提高自己的知名度，以给自身带来更高的收益；反过来看，优秀的会计人员也会选择知名的会计师事务所，以拿到更高的收入并提升个人的身价。因此，就达成了双赢，在会计人员的素质竞相提升的同时，会计师事务所的声誉也会提高。

二、改变现有会计人员从业资格考试和职业技能认证体制

会计工作是一项复杂且综合性很强的工作，企业内部的会计人员必须持证上岗。我国现行的会计资格考试分为两类：一是在企业中从事会计工作的相关人员要参加职称考试；二是在会计师事务所从事审计工作的相关人员要参加执业资格考试。这两套考试系统之间没有关联性，相互之间也没有可替代性。

在本书中，我们将现行的会计职称考试与会计师执业资格考试进行合并，统一为会计从业人员职业技能考试，分为三个等级。通过第一等级考试的会计人员，可以为其颁发"初级会计资格证书"。拥有该证书的会计人员可以从事与"簿记"相关的工作，也就是企业会计人员从事的基本会计工作；通过第二级考试的会计人员，可以为其颁发"中级会计资格证书"。拥有该证书的会计人员既可以从事初级会计人员所从

事的基本会计工作，也可以从事企业的财务工作；通过第三级考试的会计人员，可以为其颁发"高级会计资格证书"。拥有该证书的会计人员既可以从事前两级会计人员所从事的会计工作，也可以从事注册会计师的咨询和审计的工作。

综上所述，会计等级高的会计人员可以从事会计等级低的会计工作，反过来则不可。会计人员的等级与其工资福利直接挂钩，等级越高，会计人员的工资福利也就越好。如此一来，会计的等级越高，则其工作所能涉及的范围也就会越大，其所获得的经济利益与社会地位也就越高。因而，此法既可以提高会计工作的质量，又可以促使相关会计人员不断提升自己。

三、完善会计人员持续教育管理体系

企业的会计工作一直都处在一个动态的、不断变化的环境中，会计知识更新迭代的速度与社会发展的步伐紧密相连。因此，会计工作人员应当随时保持学习的积极性，不断地了解新的与会计相关的信息和资讯，随时掌握国家发展的战略与政策，以及相关法律的最新调整情况。只有保持与国家和社会同步发展，才能把握最新的行业动态，才能更好地开展会计工作，并让会计工作的目标更准确、工作更高效。

企业会计人员的持续教育管理应当由财政部制定政策方向，由总会计协会统一指挥，各地的分会进行协作指导，本地区的会计师事务所落地执行。会计人员的等级不同，个人专业素养的差异巨大，因此，需要持续教育的内容和时间也均不相同，各地应当根据当地情况进行灵活安排。但总的前提是，一切措施的执行，都必须按照总会计师协会的要求进行。

四、完善财会管理体系的积极影响

在以上三项措施落实到位的情况下，能够建立一个系统、完整和高效的财会管理体系。其所带来的积极影响有以下几方面。

（1）岗位职责更加清晰，管理更加高效。

（2）各个会计师事务所之间形成相互监督和相互竞争的良好氛围，便于营造合法、公平和有序的执法环境。

（3）将会计人员与企业自身利益区分开，这就保证了会计信息的真实性和准确性。

（4）有利于对会计人员进行统一化管理，保障会计人员的自身利益。

（5）能够充分发挥"自主"管理的效用，同时提高财务管理的效率和质量。

（6）减轻会计人员的考试负担，企业会计与公共会计进行统一管理，便于会计人员在职场上的沟通和流动，使会计人员的综合素质得到进一步提高。

五、构建创新型财会人员管理体系的注意事项

在这样一个体系中，经过一段时间后，会形成相对固化的组织架构，并形成一个较大的利益集团，这有可能产生会计行业垄断的现象，进而损害企业的利益。但比起企业会计信息真实性的缺乏以及违规行为的存在，这样的负面影响还较小。与此同时，建立这样一种财会人员的管理体系，还需要注意以下几条事项。

第一，会计人员从事会计的基础工作，应当进一步实现较为完善的规范化作业，通过制定相应的会计准则，并让准则具备更强的可操作性，将会计的流程和工作进一步规范化，使其具有统一的标准，具有可跟踪性、可复制性、易衡量性，像大规模工厂化生产的流水线产品一样。降低人为因素在会计工作中产生的负面影响，减少会计核算中的不确定性因素，使会计报表的编制、分析和评估变成一套标准化的易操作的事项。

第二，有关部门还要制定相关的反行业垄断的法规政策。随着经济的不断发展，会计从业人员的规模也会随之不断发展壮大，而逐渐形成的利益群体可能对整个市场造成一定影响。因此，有关部门应当制定相关的法规政策，以规范会计从业人员的行为，并配以行之有效的管理措施，将可能产生不良后果的苗头扼杀在摇篮里。

企业可以将传统的会计管理方式与信息化管理结合起来，一些重要事项需要面对面地进行汇报，有一些事项通过网上办公就可以很好地解决，要灵活利用信息化管理方式，充分发挥每种方式自身的优势。

参考文献

[1] 董俊岭. 新经济环境背景下企业财务会计理论与管理研究 [M]. 北京：中国原子能出版社，2019：03.

[2] 金玉洲，刘宏伟，高一源. 智能化财务管理与会计理论实践 [M]. 北京：中国商业出版社，2021：07.

[3] 李延莉. 小企业财务会计理论与实践 [M]. 北京：中国书籍出版社，2019：02.

[4] 李章红. 旅游企业财务会计理论研究 [M]. 北京：经济日报出版社，2018：02.

[5] 栾泽沛，刘芳菲，于瑞杰. 高校财务管理与会计理论应用 [M]. 北京：中国商务出版社，2022：08.

[6] 乔庆敏，张俊娟. 大数据时代财务会计理论与实践发展研究 [M]. 哈尔滨：哈尔滨出版社，2023：01.

[7] 天津财经大学会计与财务类专业建设组. 会计与财务类专业建设的理论与实践 [M]. 天津：南开大学出版社，2017：04.

[8] 汪平. 会计专业研究生精品教材 公司财务理论与政策研究 [M]. 北京：首都经济贸易大学出版社，2023：04.

[9] 王霞，王金平，张倩. 财务会计理论·实务·案例 [M]. 上海：上海财经大学出版社，2019：03.

[10] 吴国强. 财务管理与金融会计理论运用 [M]. 长春：吉林出版集团股份有限公司，2022：06.

[11] 张爱民，蔡雅平，严云露. 财务会计相关理论与应用研究 [M]. 北京：中国商务出版社，2021：09.

[12] 赵文生，冯秀健. 财务会计理论基础与创新研究 [M]. 昆明：云南科技出版社，2020：05.

[13] 郑艳菊. 财务会计理论研究与探索 [M]. 郑州：中原农民出版社，2007：10.